DER WITZ EXPRESS

einfach spitze –
rasend gute Witze

gesammelt und gezeichnet
von Erhard Dietl

SCHNEIDER BUCH

Inhalt

1. Kapitel

Da fliegt uns gleich das Blech weg

„In dem Rosinenbrötchen gestern war eine Fliege", beschwert sich Frau Einhenkel.
„Ist gut", sagt Bäckermeister Zips. „Bringen Sie die Fliege zurück, dann tausch ich sie Ihnen um gegen eine Rosine."

♣

„Ich hab es satt, Tag für Tag da herumzuhängen", sagt die Glühbirne und brannte durch.

♣

„Unser Kanarienvogel hat Benzin gesoffen!"
„Und?"
„Er flog dreimal durchs Zimmer, dann stürzte er ab."
„Tot?"
„I wo. Das Benzin war aus."

♣

Treffen sich zwei Zwerge.
„Was treibst du?" fragt der eine.
„Bin Clown im Zirkus. Und du?"
„Ich bin Testfahrer bei Match-Box!"

♣

Vater hat beschlossen, daß alle Dösköpps zum Friseur müssen.
Denen stinkt das. Drum werden sie dem Friseur eins auswischen.
„Weißt du was“, sagt Heini Dösköpp zu Bubi, seinem jüngeren Bruder, „du schlägst mir jetzt drei lange Nägel in den Kopf, dann ist dem blöden Friseur seine Haarschneidemaschine gleich im Eimer!“
Bubi Dösköpp holt Hammer und Nägel und schlägt einen Nagel nach dem anderen dem Heini in den Kopf.
„Warum zuckst du dauernd?“ fragt er.
„Weil ich Angst habe, du haust daneben“, meint Heini.

Die Tür von Opa Krauses Kramerladen klemmt.
Opa Krause kann das nicht haben. Darum telefoniert er mit dem Schreinermeister Holzhammer.
„Können Sie das in Ordnung bringen?"
„Aber klar", sagt Schreinermeister Holzhammer und macht sich auf den Weg zu Opa Krauses Kramerladen.
Dort besieht er sich die Sache. Dann schreibt er ein schönes, großes Plakat:
„Laden geöffnet – Nur die Türe klemmt!"
Nun kann er beruhigt nach Hause gehen.

♣

Die kleine Susi kommt im Kaufhaus zum Informationsstand und sagt:
„Sie, wenn eine furchtbar aufgeregte Frau kommt und sagt, sie hat ihr Kind verloren, dann sagen Sie ihr, ich bin in der Spielwarenabteilung."

♣

Der Fernsehflicker kommt zu unserer Tante Emilie.
„Sie haben mich rufen lassen. Wo fehlt's?" fragt er.
„Neinnein", sagt die Tante Emilie. „Sie können wieder gehen. Die Sache ist schon in Ordnung. Mein Mann und ich hatten gestern nur die Brillen verwechselt."

♣

Doktor Balduin untersucht Herrn Kleinlein.
„Ja Mann, Sie haben ja einen Reisewecker im Bauch!“ sagt der Doktor.
„Weißich weißich“, antwortet Herr Kleinlein. „Den hab ich verschluckt, als ich noch ein kleines Kind war.“
„Ja du lieber Gott! Haben Sie da nie Schwierigkeiten gehabt?“
„Eigentlich nicht. Nur manchmal beim Aufziehen.“

♣

Bubi Dösköpp rennt wild im Hof herum und fuchtelt mit einem Kaffeesieb.
„Was tust du da?“ wird er gefragt.
„Ich fange Futies!“
„Futies? Was ist das?“
„Kann ich erst sagen, wenn ich mal einen gefangen hab!“

♣

Was kann man nicht zum Frühstück essen?
Antwort: Das Mittag- und das Abendessen

♣

Da arbeiten so zwei Typen auf der Landstraße. Der eine schaufelt ein Loch. Der andere schaufelt es wieder zu. Dann gehen sie zehn Schritte weiter. Der eine schaufelt wieder ein Loch, der andere schaufelt es zu. Und das tun sie den ganzen Nachmittag lang.
Kommt einer daher und fragt: „He! Was soll denn der Quatsch?"
„Ja, eigentlich sind wir drei", sagt einer von den Typen. „Aber der dritte, der die Telegrafenstangen ins Loch stecken soll, ist heute krank."

„Herr Doktor, es ist entsetzlich! Ich hab die ganze Nacht geträumt, ich sei ein Pferd! Und ich sei in einem Stall und hätte die ganze Nacht Heu gefressen! Hab ich geträumt."
„Ja, und was ist da so schlimm daran?"
„Ja. Und als ich am Morgen aufgewacht bin, da fehlte die Hälfte der Matratze!"

♣

Theodor ödet seine Freunde mit Urlaubserinnerungen an.
„Als wir den Steig erklommen hatten", sagt er, „gähnte vor uns ein Abgrund."
„Was? Schon bevor du da warst?" fragt Annette.

♣

„Wenn du deine Hände suchst", sagt der Meister, „die sind in deiner Hosentasche!"
„Wees ik", sagt der Azubi. „Ick hab sie ja selba hineingesteckt."

♣

Nach der Tabelle hat Hugo so viel Übergewicht, daß er eigentlich zwei Meter dreißig groß sein müßte.
Aber er kann essen, soviel er will, er wächst nicht mehr.

♣

„Endlich mal was Erfreuliches in der Zeitung“, sagt der Maurer und packt sein Schinkenbrot aus.

♣

„Soweit geht es mir gut“, sagt Frau Weckerle. „Nur das Atmen macht mir Beschwerden.“
„Keine Angst“, erwidert Doktor Pfannenstiel. „Das kriegen wir auch noch weg.“

♣

„Warum ziehst du immer ein Seil hinter dir her?“ wird Bubi Döskӧpp gefragt.
„Na und? Schieben kann ich es nicht!“

♣

Herr Kleinlein möchte ins Kino. Er geht an die Kasse und kauft eine Karte. Nach einer Minute ist er schon wieder an der Kasse und kauft noch eine Karte. Und so geht das fünfmal.
Beim fünften Mal aber fragt das Fräulein an der Kasse: „Sagen Sie einmal, wozu brauchen Sie so viele Karten?“
„Weil da am Eingang so ein frecher Mensch steht“, sagt Herr Kleinlein, „der zerreißt mir immer meine Karten!“

♣

„Und was fehlt Ihnen?" fragt Doktor Seelwurm den Patienten.
„Herr Doktor, an mir laufen überall weiße Grillen auf und ab", sagt der Patient und putzt sich den Ärmel ab.
„Aber zum Donnerwetter, doch nicht auf mich!" sagt Doktor Seelwurm und tritt einen Schritt zurück.

♣

Warum gehen die Dösköpps immer zu dritt spazieren? Einer kann lesen, der andere kann schreiben, und der dritte ist stolz darauf, daß er mit so gescheiten Menschen spazierengehen darf!

♣

„Was gibt's heute?" fragt die Löwenfamilie in der Wüste.
„Menschenauflauf", sagt die Löwenmami.
„Schon wieder!" maulen die Löwenkinder. „Können wir nicht den Großwildjäger kriegen, der gestern zu uns gekommen ist?"
„Nein, den gibt's nicht", sagt die Löwenmutter. „Der kommt aus einer Großstadt. Der ist giftig."

♣

„Meista, das ganze Bier läuft aus dem Faß!“ brüllt der Azubi.
„Jessas, Jessas! Seit wann denn das!“
„Seit ich die Preisschilder draufgenagelt hab!“

♣

„Und sind die Schuhe auch garantiert wasserdicht?“
„Aber ja. Die sind aus echtem Rindsleder. Und die Kühe sind ja auch wasserdicht. Sonst würde es in die Milch regnen!“

♣

Herr Schmalstich kommt zu Professor Seelwurm.
„Herr Professor, ich hab ein Pferd im Kopf!“
„Kein Problem“, sagt Professor Seelwurm, „das operieren wir raus.“
Schmalstich wird also operiert. Und damit er auch sieht, daß die Operation gelungen ist, führen sie ihm nachher einen Schimmel vor.
Doch Schmalstich jault auf:
„Alles umsonst! Alles umsonst! Den Schimmel hat mein Nachbar bei mir eingestellt. Was mich stört, ist der braune Wallach!“

♣

Dösköpps spielen Mensch-ärgere-dich-nicht.
Auf einmal ruft Bubi Dösköpp: „Schach!“
„Halt die Klappe!“ brüllt Vater Dösköpp. „Bei Halma gibt es doch keinen Elfmeter!“
„Wieso?“ meint Mama Dösköpp. „Spielen wir nicht Tennis?“
„Ach was!“ meint Heini. „Sonst könnte Vater doch nicht dauernd die Mühle zumachen.“
„Ich hätt mir’s denken können“, sagt Mama Dösköpp. „Es hat ja keiner einen Schläger dabei.“

Bubi Dösköpp steht im Wohnzimmer und hat eine Gießkanne in der Hand.
„Was machst du da?“ fragt Heini Dösköpp.
„Ich gieße Blumen, das siehst du doch!“
„Mann, dir ist nicht zu helfen! Hast du noch nicht gemerkt, daß das künstliche Blumen sind?“
„Und hast du noch nicht gemerkt, daß ich deshalb auch kein Wasser in der Kanne hab!“

♣

„Sie sind geheilt. Ihre Minderwertigkeitskomplexe sind so ziemlich weg. Und hier ist die Rechnung!“ sagt Professor Seelwurm.
„Knete willst du?“ sagt der Patient. „Du hast vielleicht einen Schaltfehler, du beschissener Grufti. Mach bloß die Fliege!“

♣

„Was? Kreislaufbeschwerden haben Sie?“ sagt der Feldwebel. „Das macht gar nichts. Bei uns wird nur geradeaus marschiert!“

♣

„Herr Professor“, sagt die Dame zu Doktor Seelwurm, „unser Karlchen hält sich für den bösen Wolf. Was sollen wir tun?“
„Vor allem aufpassen“, sagt Doktor Seelwurm, „daß die Großmutter nicht auf Besuch kommt!“

♣

„Und jetzt wäschst du den Fisch!“ sagt der Chefkoch zum Lehrling Hein.
„So ein Schwachsinn“, sagt Hein, „wo die Fische sowieso ihr ganzes Leben im Wasser gewesen sind!“

♣

Herr Meisenbrinck ist stocksauer.
In der Zeitung steht, daß die prominentesten Leute unserer Stadt von einem Trickbetrüger hereingelegt worden sind.
Und Meisenbrinck ist nicht dabei!

♣

Dösköpps spielen das große Birnenspiel.
Wie das geht?
Alle Dösköpps klettern auf einen Baum.
Nur einer bleibt unten und ruft dann: „Reif!“
Dann fallen die anderen herunter.

♣

„Könnte ich bitte hundert Gramm gemischte Nüsse haben?“ sagt unsere Tante Emilie.
„Aber ja“, antwortet Herr Krause, der Krämer.
„Und passen Sie auf“, sagt Tante Emilie, „daß nicht so viele Kokosnüsse dabei sind!“

♣

„Jetzt habt ihr gegen den FC Tiefenbach wieder 0:6 verloren. Genau wie im vergangenen Jahr!“
„Da siehst du“, antwortet der Trainer. „Mehr ist bei denen nicht drin!“

♣

„Computer zum halben Katalogpreis!“ steht groß am Schaufenster bei Radio Flicker.
„Glatter Wahnsinn so was“, meint Kurti und geht ins Geschäft hinein.
„Also, Leute“, sagt er. „Was kostet bei euch ein Katalog?“

♣

„Willst du, daß ich dir bei den Hausaufgaben helfe?“ fragt der Papa.
„Nein. Der Lehrer sagt, wir sollen unsere Fehler selber machen. Sonst lernen wir nichts.“

♣

Baldur, mit dem man alles machen kann, kommt pitschnaß heim.
„Was habt ihr bloß wieder angestellt“, tadelt Mami.
„Wir haben ‚Hund‘ gespielt.“
„Aber davon wird man doch nicht so naß!“
„Doch. Ich hab den Laternenpfahl machen müssen“, sagt Baldur.

♣

Sie nennen ihre Lieblingstiere.
„Und was ist dein Lieblingstier“, wird Heiner gefragt.
„Das halbe Hähnchen“, antwortet Heiner.

♣

Es ist Jahrmarkt und Herr Nüßlein sitzt in einem Karussell auf einem Holzpferd und fährt und fährt. Er ist schon gelb und grün im Gesicht und fährt immer noch und hört nicht auf.
„Steigen Sie doch ab“, ruft man ihm zu.
„Ich denk nicht daran“, sagt Herr Nüßlein. „Der Karussellbesitzer schuldet mir tausend Mark. Und ich fahre jetzt so lange, bis ich mein Geld eingefahren hab!“

♣

„Wo ist deine Armbanduhr?"
„Wahrscheinlich schon zu Hause. Die geht nämlich immer vor!"

♣

„Herr Doktor", sagt unser Bernhard zum Doktor Pfannenstiel, „mir geht es hundsmiserabel. Ich muß arbeiten wie ein Ochse. Nach jedem Essen ist es mir sauschlecht. Abends bin ich müde wie ein Pferd. Und nachts schwitze ich wie ein Schwein!"
„Hör mal", sagt Doktor Pfannenstiel. „Da bist du bei mir falsch. Da mußt du zum Tierarzt!"

Frau Weckerl macht Terror beim Gemüsehändler Knolle. „Vier Kilo Trauben habe ich gestern bestellt. Vier Kilo haben Sie mir auch berechnet. Aber geliefert haben Sie nur zwei Kilo!"
„Das geht schon in Ordnung", sagt Herr Knolle. „Die Hälfte war schon faul. Die haben wir dann gleich für Sie weggeworfen."

♣

Drei Schildkröten, Heribert, Detlev und Balduin, sitzen in der Roxy-Bar und lassen sich vollaufen.
Da beginnt es draußen zu regnen, und einer muß die Regenschirme holen.
Wie immer trifft es Balduin.
Er mault zwar. Aber nachdem ihm die beiden anderen geschworen haben, seinen Whisky nicht anzurühren, macht er sich auf den Weg.
Und dann dauert es und dauert es. Nachdem zwei Tage um sind, meint Heribert zu Detlev:
„Du, das wird doch nichts mehr. Wir trinken dem Balduin seinen Whisky aus und gehen so heim."
Da kommt von der Türe her ein Stimmchen:
„Hab ich euch erwischt! Also, wenn ihr das tut, dann könnt ihr euch die Regenschirme selber holen!"

♣

„Wieviel wiegst du?" wird Hubertus gefragt.
„Zweiundvierzig Kilo mit Brille", sagt Hubertus.
„Wieso mit Brille? Die ist doch hier nicht wichtig."
„Doch, ohne Brille kann ich die Waage nicht ablesen."

♣

„Wieviel Geld brauchen Sie zum Leben?" fragt man den Schriftsteller.
„Keine Ahnung", sagt der. „Ich habe noch nie so viel gehabt."

♣

Baldur, mit dem man alles machen kann, kommt heim.
„Du siehst ja schon wieder fürchterlich aus!" jammert Mutti. „Was habt ihr gespielt?"
„Indianer."
„Und du warst schon wieder am Marterpfahl?"
„Nein. Mußte Friedenspfeife rauchen."

♣

Bei Top-Chemo-Chemie haben sie endlich das unfehlbare Insektenvernichtungsmittel erfunden!
Man muß nur noch alle Bäume und Pflanzen mit dem Zeug besprühen, dann verdorrt alles, und die Insekten verhungern elendiglich.

Theodor, der Großangeber, posaunt herum:
„Das Rauchen! Wenn ich mir nur das Rauchen abgewöhnen könnte!"
„Versuch's doch mal mit Kaugummi!" rät man ihm.
„Hab ich auch schon", sagt Theodor. „Aber der Kaugummi brennt so schlecht."

♣

„Kennst du mich?" fragt Tante Emilie, als sie zu Besuch kommt.
„Aber klar", sagt unser Trudilein, „du bist die Tante, die auch schon das letztemal nichts mitgebracht hat."

Wie fängt man Kaninchen?
Man setzt sich hinter einen Busch und macht ein Geräusch wie ein Salat.

♣

Was ist gelb, weich, und dreht sich und dreht sich?
Ein Omelett auf einem Plattenspieler.

♣

Omilein geht mit Klausi spazieren.
Da treffen sie einen älteren Herren – und Klausi streckt ihm die Zunge hin.
„Aber Klausi!" Omilein ist entsetzt. „Das darfst du doch nicht."
„Darf ich schon", sagt Klausi. „Das ist der Doktor Pfannenstiel, der hat das gern."

♣

„Nobody is perfect", sagt der Neunhundertneunundneunzigfüßler.

♣

Was haben Behörden mit Bluejeans gemeinsam?
An den wichtigen Stellen sitzen Nieten.

Was ist, wenn ein Chinese auf einen Baum steigt?
Dann sitzt ein Chinese auf einem Baum.
Was ist, wenn zwei Chinesen auf einen Baum steigen?
Dann sind auf der Erde zwei Chinesen weniger.
Was ist, wenn drei Chinesen auf einen Baum steigen?
Dann bricht der Ast ab.

♣

Für scharfe Denker:
Der Vater wiegt 80 Kilo.
Die Mutter wiegt 60 Kilo.
Was wiegt die Säuglingsschwester?
– Die Säuglingsschwester wiegt das Baby.

♣

In der Schule haben sie den Edison durchgenommen. Kurtchen, das Technikgenie, ist immer noch hin- und hergerissen.
„Und stellt euch vor", tönt er beim Mittagessen. „Den Edison wenn wir nicht gehabt hätten, dann müßten wir mit Petroleum fernsehen!"

♣

Weiß wirft man es an die Decke. Und gelb kommt es herunter. Was ist das?
Ein rohes Ei.

Anfrage an den Leserbriefkasten unseres HEIMATKURIERS:
„Unser kleiner Liebling spuckt regelmäßig seinen Spinat aus. Was sollen wir tun?"
Antwort: „Schaffen Sie sich grüne Tapeten an."

♣

„Mensch, gestern war ich in einem Film... einfach unvergeßlich!"
„Und wie hieß er?"
„Das weiß ich nimmer."

♣

„Ist dieses Hemd bügelfrei?" fragt der Kunde.
„Aber klar", sagt die neue Verkäuferin. „Ich habe vor dem Einpacken alle Bügel herausgenommen."

♣

Und da war dann noch der Mann, der neulich im Autokino erfroren ist, weil er vier Tage lang auf den Film: IM WINTER GESCHLOSSEN! gewartet hat.

Endlich hat der Reporter den berühmten Fachmann vor dem Mikrophon.
„Welche Schritte würden Sie uns anraten", fragt der Reporter, „wenn aus unserer Top-Chemo-Chemie-Fabrik Gase entströmen?"
„Lange und schnelle Schritte", antwortet der berühmte Fachmann.

♣

Jammert der Orchesterdirigent:
„Wenn in unserer Stadt eine Hustenepidemie herrscht, dann geht kein Mensch zum Arzt. Dann kommen alle ins Konzert!"

♣

„Und du behauptest, daß du gestern arbeitsunfähig warst", donnert der Meister.
„Ja, schon", sagt Hannes.
„Es gibt aber Leute, die haben dich vormittags am Stadtbrunnen gesehen."
„Kann schon sein."
„Und am Nachmittag warst du im Baggersee baden."
„Na ja."
„Und abends bist du in der Roxy-Disco gewesen. Erklär mir das einmal!"
„Schon. Aber was tut man nicht alles, wenn man arbeitsunfähig ist!"

Die Dösköpps gehen spazieren und finden einen alten Fahrradlenker.
Da marschiert der alte Dösköpp vorneweg, den Lenker in der Hand, die anderen hinterdrein.
Als sie an einer Tankstelle vorbeikommen, gehen sie hin, und der Alte sagt: „Superbenzin, den Tank bitte vollmachen!"
Da meint der Tankwart: „Bei euch tickt's wohl nicht richtig?"
„Siehst du", sagt da Mutter Dösköpp. „Ich hab's ja schon immer gesagt. Kaum hat man ein Auto, schon gehen die Reparaturen los!"

„Hab ich Ihr Gesicht nicht schon einmal wo anders gesehen?"
„Kaum. Ich trag es immer hier oben."

♣

Tanja kommt mit ihrem Dackel zum Uhrmacher.
„Herr Schlag", sagt sie. „Können Sie einmal meinen Nicki ansehen?"
„Wieso ich?" fragt der Uhrmacher.
„Weil er alle fünf Minuten stehenbleibt", sagt Tanja.

♣

„Ich habe Ihnen gesagt, Sie sollen den Vertrag Punkt für Punkt überprüfen. Ist das geschehen?" fragt der Herr Direktor seine Sekretärin.
„Ja", sagt sie. „Es sind zusammen mit allen i-Punkten genau 599 Punkte."

♣

Zwei Fallschirmspringer sausen zur Erde hinunter. Der eine ist ein Profi, der andere Anfänger.
„Mensch!" brüllt der Profi. „Öffne doch den Schirm!"
„Wieso?" brüllt der Anfänger zurück. „Regnet es?"

♣

ROMA
SYLT
PFAFFENHOFEN
LONDON
NY
PARIS
Madrid

Herr Mühlenbrinck ist der Big Boß unter den Managern. Und deshalb kann er nicht einschlafen.
„Wissen Sie was“, sagt Dr. Pfannenstiel zu ihm, „in so einem Falle müssen Sie Schäfchen zählen.“
„Na, hat es geholfen?“ fragt einige Tage später Dr. Pfannenstiel.
„Nein“, sagt Herr Mühlenbrinck. „Zuerst habe ich exakt fünftausend Schafe gezählt. Dann stellte sich das Problem, daß ich die Tiere irgendwo unterbringen muß. Als das erledigt war, brauchte ich Leute, die sie scheren. Dann war Futter zu organisieren. Die Finanzierung des Projektes mußte überlegt werden... Kurzum: Ich habe die ganze Nacht kein Auge zugemacht.“

♣

Kurtchen, das Technikgenie, kommt begeistert nach Hause. Beim Trödler hat er eine ganz tolle Sache entdeckt: „Stellt euch vor“, sagt er. „Da gibt es jetzt einen Plattenspieler ganz ohne Stromanschluß. Man muß nur an einer Kurbel drehen. Dann läuft er!“

♣

„Der Goldhamster, den Sie mir gestern verkauft haben, ist heute nacht gestorben“, beschwert sich Klausi.
„Also, ehrlich“, sagt der Tierhändler. „Bei mir hat er so was nie gemacht.“

Uwe hat beschlossen, mit seinem Meister Klartext zu reden.
„Meister“, sagt er. „Mit den paar Kröten, die ich bei Ihnen kriege, kann ich keine großen Sprünge machen.“
„Ich habe dich auch nicht als Känguruh angestellt, sondern als Mechaniker“, sagt der Meister.

♣

„Ihr Vorgänger war Chemiker“, sagt die Vermieterin.
„Er hat immer im Zimmer Experimente gemacht.“
„Aha. Und der große Fleck an der Wand da, ist wohl von so einem Experiment?“
„Nein. Vom Chemiker.“

2. Kapitel

Der Witzexpreß hebt ab

Sie segeln auf dem Ozean.
Tagelang.
Und nichts als immer Ozean.
„Ich glaube, wir segeln im Kreis!“ sagt Frank.
„Wieso?“ meint Dirk.
„Die Gegend hier kommt mir so bekannt vor.“

♣

„Meine Herrschaften, es besteht kein Grund zur Panik!“, sagte die Stewardeß mit etwas belegter Stimme ins Bordmikrophon. „Ich versuche jetzt zum Flughafen zurückzufliegen und dort unsere beiden Piloten abzuholen . . .“

♣

„Ich war schon überall. Auf der ganzen Welt!“ tönt Theodor, der Großangeber.
„Mann, dann mußt du dich in Geographie gut auskennen!“ meint einer.
„Na klar“, sagt Theodor. „Da war ich ganze vier Wochen lang!“

♣

„Wo hast du schwimmen gelernt!?“
„Im Wasser.“

„Wenn Sie schon in meinem Koffer herumwühlen“, sagt unsere Oma zu dem Zollheini, „dann können Sie auch gleich nachschauen, ob ich mein Reservegebiß dabei habe!“

♣

Bei der Flugauskunft läutet das Telefon.
„Sie wünschen?“ fragt der am Schalter.
„Wie lange dauert ein Flug Frankfurt/Main nach New York?“
Der am Schalter angelt nach dem Flugplan und sagt inzwischen: „Eine Minute. . .“
„Danke“, sagt der Anrufer und hängt ein.

♣

Die Tiere marschieren in die Arche Noah. Plötzlich ein Stau.
„Was ist los?“ fragen die hinteren.
„Frau Noah besteht darauf, daß sich jeder die Hausschuhe anzieht“, sagt die Giraffe.
„Na und?“
„Jetzt ist der Tausendfüßler dran!“

♣

Der alte Seelenverkäufer dümpelt so schön im Hafen und soll jetzt hinaus ins Bermudadreieck, wo die Piraten und die Hurrikane und wer weiß was sonst noch alles lauern! Der olle Käptn will seine Matrosen noch einmal ein wenig auf Vordermann bringen.
„Leute", sagt er. „Denkt dran! Das hier ist nicht irgendein Schiff! Das ist auch nicht nur mein Schiff! Das ist unser aller Schiff!"
„Yeah!" sagt einer. „Verkaufen wir's!"

♣

Und wieder ein Zollbeamter:
„Kaffee, Alkohol, Zigaretten?" brüllt er.
„Ach bitteschön", sagt unsere Tante Amelie. „Wenn Sie mir eine schöne Tasse Kaffee bringen könnten . . ."

♣

Sie mußten den ollen Leuchtturmwärter entlassen.
Warum?
Wegen einer dummen Angewohnheit.
Welcher?
Er hat vor dem Schlafengehen immer das Licht ausgemacht.

♣

Herr Schmalstich möchte nach Istanbul. Weil er aber ein vorsichtiger Mann ist, geht er zuerst zu Ablitzka Jawasna, der Wahrsagerin.
Die schaut eine Weile in den Kaffeesatz, dann erhebt sie den Zeigefinger und sagt: „Herr Schmalstich, hüten Sie sich vor Flugzeugen!"
Klar, daß dann Herr Schmalstich mit dem Zug nach Istanbul fuhr.
Und wie recht Ablitzka Jawasna hatte! Hinter Belgrad fiel ein Flugzeug auf den Zug. Und aus war's mit Herrn Schmalstich!

♣

Ein Moslem fürchtet sich vor dem Fliegen.
„Warum solltest du dich fürchten?" sagt sein Freund. „Wenn deine Stunde da ist, dann findet dich Allah überall, in der Luft, auf der Erde, auf dem Wasser, wo du auch bist."
„Das schon", sagt der Moslem. „Aber was ist, wenn Allah den Piloten finden möchte?"

Am Fahrkartenschalter:
„Ich möchte eine Rückfahrkarte haben."
„Wohin?"
„Blöde Frage. Wieder hierher."

„Du warst in New York? Was hast du dir für ein Souvenir mitgebracht?"
„Ein ganz tolles altes Barometer!"
„Versteh ich nicht. Was mußt du hier wissen, ob es in New York regnet oder nicht!"

„Kaffee, Alkohol, Zigaretten?" ruft der Zollbeamte.
„Nein danke", sagt Onkel Max. „Davon haben wir selbst einen ganzen Koffer voll dabei!"

Ferien auf dem Bauernhof.
„Können Sie mich morgen wecken?“ fragt der Gast die Bäuerin.
„Bei uns weckt der Hahn“, antwortet sie.
„Auch recht. Dann stellen Sie ihn bitte auf halb sieben!“

♣

Sibylle bestaunt die Kühe auf der Weide.
„Die haben aber einen netten Bauern“, meint sie. „Der gibt ihnen sogar Kaugummi!“

♣

Und Klausi kommt angezischt:
„Du, da vorne wohnt einer, der macht Pferde.“
„Ach, red doch keinen Quatsch!“
„Doch, ich hab’s ja gesehen. Mit einem war er schon fast fertig. Er hat nur noch unten Eisen hingemacht!“

♣

„Aber Martin, du darfst doch den Hühnern keine Schokolade zum Fressen geben! Wenn das der Bauer sieht!“
„Aber ich will beim Frühstück mal Schokoladeneier kriegen!“

♣

Tante Amelie auf Kreuzfahrt.
„Was sind das für kleine Boote, die da am Ozeandampfer herunterhängen?“ fragt sie den Kapitän.
„Das sind Rettungsboote“, erklärt der Kapitän. „Wenn der Dampfer sinken sollte, steigt man in diese Boote, denn die sind unsinkbar.“
„Das verstehe ich nicht“, sagt Tante Amelie. „Warum fährt man dann nicht gleich mit diesen Rettungsbooten?“

♣

„Wo fahrt ihr heuer im Urlaub hin?“
„Nach Berlin an der Nordsee, wie jedes Jahr.“
„Aber hör mal, Berlin liegt doch gar nicht an der Nordsee.“
„Nicht? Also darum hatten wir immer so weit zum Strand zu laufen!“

♣

Freddy kommt mit einem steifen Hals daher.
„Was hast du denn?“
„Gestern bin ich mit der Eisenbahn gefahren. Da bin ich am Fenster gesessen, und es hat fürchterlich gezogen.“
„Hättest du nicht mit jemandem Platz tauschen können?“
„Aber nein. Außer mir war ja niemand im Abteil!“

♣

Herr Noah geht durch seine Arche und sieht einen einzelnen, verlassenen Truthahn herumsitzen.
„Sag mal“, fragt Herr Noah seine Frau, „wir haben doch von allen Tierarten ein Pärchen mitgenommen!“
„Ja schon“, antwortet Frau Noah. „Aber du vergißt, inzwischen war ja Weihnachten.“

♣

„Na, Kleiner“, sagt der Kontrolleur. „Für eine Kinderkarte bist du wohl schon zu groß. Du löst den vollen Preis! Aber hoppla!“
„Hörn Se mal, was soll das alberne Duzen. Entweder ich bin noch so klein, daß ich eine Kinderkarte kriege, dann können se du zu mir sagen. Oder ich bin schon groß. Dann sagen Sie jefälligst Sie zu mir. Klaro?“

♣

„Ich krieg immer Ohrensausen beim Fliegen.“
„Da sollst du einen Kaugummi nehmen.“
„Und wie kriegst du den dann wieder raus aus den Ohren?“

♣

„War's nichts mit eurem Urlaub beim allerhöchsten Bergbauern des Landes? Weil ihr schon wieder da seid."
„Eigentlich war's recht schön."
„Aber?"
„Na ja. Zuerst gingen einige Hühner ein. Dann gab's ein paar Tage lang Hühnersuppe.
Später mußten sie eine Kuh notschlachten. Dann haben wir nichts als Rindfleisch gekriegt.
Aber als dann der Großvater krank wurde, sind wir abgehaut."

„Und was habt ihr in den Ferien erlebt?“ fragt der Lehrer am Schultor.
„Ooch, gar nicht viel. Auf keinen Fall reicht's für einen Aufsatz!“

♣

„Und welche Eindrücke hat Ihr Sohn vom Ferienlager mitgebracht?“
„Eindrücke?“ sagt Mami. „Eindrücke eigentlich gar keine. Aber Ausdrücke, Frau Huber, Ausdrücke kann ich Ihnen sagen!“

♣

Und dann werden Memmelmanns zum Kaffee eingeladen.
„Unseren Kaffee müssen Sie probieren“, sagt Mami.
„Den haben wir aus Brasilien mitgebracht!“
„Fast nicht zu glauben“, antwortet Frau Memmelmann.
„Und trotzdem ist er immer noch so heiß!“

HERR OBER! DAS SOLL EINE GANZE PORTION SEIN? DA KANN ICH NUR LACHEN!
BITTE TUN SIE'S MEINE DAME, DIE ANDERN GÄSTE SCHIMPFEN IMMER NUR!

Karin hat sich Paßbilder machen lassen. Sie ist entsetzt.
„Schauderhaft, nicht?" sagt sie zu Moni.
„Ja, wirklich schauderhaft", meint auch Moni. „Aber du mußt zugeben: Gut getroffen!"

♣

Unsere Tante Amelie ist auf großer Kreuzfahrt. Das Schiff ist zwar riesig. Aber noch größer ist der Bammel, den Tante Amelie hat.
„Sagen Sie mal, junger Mann", fragt sie den Kapitän, „geht so ein Schiff öfter unter?"
„Nein. Meistens nur einmal. Dann bleibt es drunten", antwortet der Kapitän.

♣

Und nun der erste und letzte Ostfriesenwitz:
Was macht ein Ostfriese, wenn er ein Loch in seinem Boot hat?
Er bohrt ein zweites, damit das Wasser wieder abfließen kann.

♣

Das Schiff geriet in einen ganz gemeinen Taifun und sank. Nur drei konnten sich auf die berühmte einsame Insel retten: Leo, Flori und Bubi Dösköpp.
Dort sitzen sie unter der einzigen Palme, und es ist nichts als langweilig.
Bis eine gute Fee kommt und sagt: „So, jetzt darf jeder einen Wunsch sagen!"
„Klare Sache", meint Leo. „Ich möchte wieder zurück in mein schönes Berlin!"
Und wums – ist er auf dem Kurfürstendamm.
„Und ich", sagt Flori, „möcht wieder nach München!"
Kaum gesagt, sitzt er schon im Olympiastadion bei einem Bayern-Spiel.
„Und was möchtest du?" fragt die gute Fee den Bubi Dösköpp.
„Oje", sagt der, „jetzt bin ich ja ganz allein. Ich möchte, daß die beiden anderen wieder hier sind!"

3. Kapitel

Ungelogen: gut erzogen!

„Wie kann man an einem einzigen Tag so viel Scheiß bauen wie du!"
„Ich steh früh auf und geh spät zu Bett", sagt Karli.

♣

„Papi, sind das hier Chrysanthemen oder Nelken?" fragt Anschi.
„Chrysanthemen, klar doch", meint Papi.
„Und wie schreibt man das?"
„Moment mal. Ich glaube, es sind doch Nelken", sagt Papi.

♣

Sie kommen mit Lehmklumpen an ihren Tretern vom Spielplatz heim und stampfen so durch die Wohnung von vorne nach hinten und wieder nach vorne.
Klar, daß da Mami Psycho-Terror macht und total ausflippt.
„Mami", sagen sie, „du fährst ein falsches Programm. Mach es wie die Mamis im Werbefunk. Schmier irgend so einen Saft durch die Gegend. Und vor allem lächle. Und schon ist alles weg."

♣

„Schau, wie lieb mich Marietta schon an der Tür begrüßt“, sagt etwas gekränkt der Papa. „Und du hockst da und siehst nicht einmal hoch von deinem Computer!“
„Ich hab ja auch deinen Elektrorasierer nicht ins Badewasser fallen lassen“, erwidert Tobias.

♣

„Vati“, meint Gabriela süß, „du brauchst mir nicht mehr Taschengeld zu geben. Aber da hätte ich einen Kompromiß. Du gibst mir das gleiche Taschengeld wie bisher. Aber dafür zweimal oder dreimal in der Woche. Ist das was?“

♣

Tobi und Susi sind wieder einmal pleite.
„Da hab ich eine Idee“, meint Tobi. „Wir gründen einen Zirkus. Du stellst dich an die Wand, legst einen Apfel auf den Kopf. Und ich schieß ihn herunter. Da kommen die Leute in Massen, und der Rubel rollt.“
„Ja, blöd“, sagt Susi. „Und wenn du wackelst und mich triffst und nicht den Apfel!“
„Kein Problem“, sagt Tobi. „Dann kriegen die Leute das Geld wieder zurück. Is doch klar.“

♣

Müde und abgestreßt kommt Papi vom Büro nach Hause.
„Mami, was machen wir jetzt“, sagt Monika. „Was zeigen wir ihm zuerst, meinen Arrestzettel, dein Strafmandat oder den Steuerbescheid?“

♣

Da kenn sich einer aus mit den Alten! Macht man Lärm, gibt’s Krach, ist man ruhig, schicken sie dich zum Psychologen, bleibt man lange vorm Fernseher, machen sie Terror, will man früh ins Bett, schieben sie dir ein Thermometer in den Mund!

♣

Sie begucken das alte Familienalbum.
„Wer ist der fetzige Typ mit so einer Superfrisur und der total turbogeilen Figur?“
„Aber Kinder!“ sagt Mami. „Das ist doch euer Vater!“
„Mannomann!“ sagen sie. „Und wer ist dann diese dicke Kalkleiste, die jetzt bei uns wohnt und gnadenlos herumleiert?“

♣

Drei sahnige Mädchen sitzen auf einer Alleebank und unterhalten sich über ihre Brüder.
„Was möchte dein Bruder einmal werden?“
„Der will zur Müllabfuhr. Weil er meint, die arbeiten nur am Freitag.“
„Und mein Bruder will Weihnachtsmann werden. Dann braucht er nur einmal im Jahr was tun.“
„Und meiner will Lehrer werden. Dann braucht er überhaupt nichts arbeiten. Meint er.“

♣

„Müßt ihr immer gegenteiliger Meinung sein!“ Mutti ist stinksauer auf Anett und Markus.
„Sind wir ja gar nicht“, sagt Markus. „Anett will das größere Stück Kuchen und ich auch.“

♣

„Was ist dein Vater?“
„Erkältet.“
„Ich meine: Was tut er?“
„Er hustet und niest.“
„Nein. Wovon lebt er?“
„Nur von Schleimsuppe und Pfefferminztee.“

♣

„Jetzt weiß ich“, sagte Franziska, „wie wir unserem Baldur das Nägelbeißen abgewöhnen können!“
„Und wie?“
„Wir warten, bis er Opa ist. Und dann verstecken wir ihm das Gebiß.“

„Opa, wie geht's?"
„Ooch, es geht. Nur ein bißchen langweilig ist's halt."
„Dann geh doch ins Kino!"
„Weißt du, im Kino ist mir wahrscheinlich auch langweilig."
„Aber inzwischen haben sie den Tonfilm erfunden, Opa!"

„Mein großer Bruder hat jetzt einen Bart."
„Und? Sieht er besser aus?"
„Aber ganz klar. Man sieht fast nichts mehr von seinem Gesicht."

„Klausi, hast du deine Buchstabensuppe schon aufgegessen?"
„Noch nicht ganz. Bin erst beim R!"

„Ich mache jetzt Yoga. Da lerne ich, auf dem Kopf zu stehen."
„Das ist gut", sagt der Vater. „Dann siehst du vielleicht, wo du noch unter den Schränken Staub wischen kannst!"

„Wann habt ihr geheiratet?“ fragt das kleine Luischen die Mama.
„So ungefähr vor sechs Jahren.“
„War’s schön?“
„Ja. Ein großes Fest!“
„Und, war ich da auch dabei?“
„Aber nein, das war doch noch gar nicht möglich!“
„Na klar“, mault Luischen. „Nie darf ich mit, wenn mal was los ist!“

♣

„Warum spielst du ausgerechnet mit den unartigsten Kindern der ganzen Umgebung?“
„Weil die artigen Kinder nicht mit mir spielen dürfen.“

♣

Sabrina ist wütend auf ihren Bruder Frank. Na, der soll nur heimkommen!
Kaum ist er bei der Türe herein, faucht sie ihn an: „Mit dir rede ich kein Wort mehr!“
„Is gut“, meint Frank. „Aber mach’s kurz, ich muß gleich zum Tennis.“

♣

„Wenn du dich nicht besser benimmst, müssen wir dich in ein Internat stecken, damit du Manieren lernst!"
„Warum kann ich die denn nicht bei euch lernen?"

♣

Endlich haben sie ihre neue Wohnung.
„Aber jetzt müssen wir den Nachbarn einladen", meint Vati.
„Und was wollen wir ihm dann anbieten?" fragt Mami.
„Am besten das ‚Du'."

♣

„Wenn ich jetzt noch die Milch holen muß, dann komm ich eine halbe Stunde später zum Fußballmatch!"
„Na gut. Dann kannst du von mir aus dafür eine halbe Stunde länger dortbleiben!"

♣

„Und das ist unser Musikzimmer", erklärt stolz der Benni.
„Wieso? Ich seh ja nichts, kein Klavier, keine Geige, kein Garnichts!"
„Ja. Aber hier hört man das Radio vom Nachbarn am besten!"

♣

Schwesterchen Nina spielt in ihrem Zimmer.
Mami hört, wie Nina laut zählt:
„... sechsunddreißig, siebenunddreißig ... usw.“ Dann:
„... dreihundertneun, dreihundertzehn ...“ und später:
„... neunhundertachtundneunzig,
neunhundertneunundneunzig ...“ und dann ein Schrei:
„Igitt igitt, ein Tausendfüßler!“

♣

Der Pfarrer kommt des Wegs und sieht, wie sich Maxi und Benni fürchterlich herumprügeln.
„Hört ihr nicht sofort auf!“ predigt der Pfarrer los.
„Es steht geschrieben: Liebet eure Feinde!“
„Das ist ja gar nicht mein Feind“, mault Benni zurück.
„Das ist mein Bruder.“

„Ich lasse die ganze Nacht Licht brennen, wegen der Einbrecher!“ sagt Tante Amelie.
„Ach, das brauchste nicht“, sagt Neffe Christian. „Die haben ja Taschenlampen!“

♣

Omi ist zu Besuch und schläft bei Susi im Zimmer.
Nachts, als Omi ins Bett geht, ist Susi noch wach und lugt unter der Bettdecke hervor.
Da sieht sie, wie Oma die Perücke abnimmt, die Zähne heraustut –
und Susi springt begeistert aus dem Bett und läuft zu den Eltern.
„Unsere Omi ist zerlegbar!“ ruft sie.

♣

„Ach“, sagt Tante Amelie traurig, „jetzt habe ich einen neuen Fernseher, und schon ist er kaputt. Gestern, beim Fußballspiel, war der Ball noch schön rund. Und heute wollte ich ein amerikanisches Footballspiel anschauen, da war er verzerrt und ganz länglich...“

♣

„He! Holt den Klausi rüber! Da haben sie auf der Glotze eine Sportsendung für ihn!“
„Aber dafür ist er doch noch zu klein, der Klausi!“
„Eben nicht! Es hat ausdrücklich geheißen: Galopprennen für Zweijährige.“

♣

Flori kommt vom Fußballplatz heim und sieht aus wie ein Rübenschwein.
„Jetzt aber nichts wie in die Badewanne!“ ruft Mutti.
„Ach laß“, sagt Flori. „Das rentiert sich nicht. In drei Tagen ist schon das Rückspiel.“

♣

Sie sitzen beim Essen.
Da sagt Lisa zu ihrem lieben Papi:
„Los, Chef, laß mal ein paar Buletten rüberwachsen. Aber ein bißchen plötzlich!“
Da ist der liebe Papi von den Socken: „Also, hör mal. Ich erbitte mir andere Ausdrücke!“
„Is ja gut“, meint Lisa. „Also: Fri - ka - del - len!“

♣

„Mami, ich will Schokolade haben!"
„Wiiie heißt das?"
„Mami, ich möchte Schokolade haben!"
„Also, das darf nicht wahr sein! Wie heißt das?"
„Mami, ich möchte, bitte, Schokolade haben!"
„So. Und jetzt sagst du es noch ganz richtig!"
„Mamilein, könnte ich bitte Schokolade haben?"
„Ja, so war's recht."
„Und, krieg ich jetzt die Schokolade?"
„Nein. Wir essen gleich."

„Nina! Du hast deine ganzen Teddybären in den Kühlschrank getan! Was soll der Quatsch!“
„Ich möchte doch so gerne Eisbären haben.“

♣

„Hast du gehört, wir fahren heuer im Urlaub nach Ibiza.“
„Aber Mami sagt doch immer, wir müssen an unsere Schulden denken.“
„Aber Papi hat gesagt, das können wir auf Ibiza auch.“

♣

Daniela ist beim Einkaufen.
„Ein Kilo Kartoffeln, bitte“, haucht sie. „Aber bitte nur ganz kleine. Ich kann nicht so schwer tragen!“

♣

Der herzlose Papi kommt zu TV-Maier.
„Ist Schwarz eine Farbe?“ fragt er.
„Ja. Eigentlich schon.“
„Und Weiß? Ist das auch eine Farbe?“
„Ja, warum nicht!“
„Gut. Ich habe meiner Bande zu Hause nämlich einen Farbfernseher versprochen.“

♣

Und dann fahren sie in die Ferien zu Tante Martha. „Gebt mir auf den Parkettboden acht", sagt die liebe Tante zur Begrüßung, „der ist ganz frisch gebohnert!"
„Das macht nichts", sagen sie. „Wir haben Spikes an den Schuhen!"

♣

„Wie lange wollt ihr eigentlich bleiben?" fragt Tante Martha.
„Nur so lange, bis wir dir auf die Nerven fallen!"
„Oh, nur so kurz!"

♣

Bei Tante Martha muß man verdammt brav sein, hat Mami gesagt. „Und daß ihr mir nicht bettelt!" hat sie ihnen eingeschärft.
Darum meint Benni nach dem Abendessen: „Also, zu Hause wenn ich jetzt wär, hätte ich immer noch Hunger!"

Sie haben Zwillinge gekriegt.
„Frag mal den Lehrer, ob du nicht einen Tag freibekommen kannst!“ sagt Vati zu Markus, dem nunmehr älteren Bruder.
„Und, hast du freibekommen?“ fragt er später.
„Klar, aber ich habe nur von einem Baby erzählt. Das zweite heb ich mir drei Wochen auf, da spielt der VfB gegen Köln“, meint Markus.

♣

Tante Martha möchte auch die neue Wohnung sehen. Sie ruft an: „Wie komm ich zu euch hin?“
„Also paß auf“, erklärt Benni. „Du gehst bis zur Hausnummer siebenundsechzig. Dann stößt du mit dem Fuß die Vorgartentüre auf, drückst mit dem Ellbogen die Klinke, gehst die Treppe hoch zum ersten Stock. Dort kannst du wieder mit dem Ellbogen die Klingel drücken...“
„Ja, soweit hab ich das verstanden“, sagt Tante Martha. „Aber warum muß ich das alles mit Füßen und Ellbogen machen?“
„Na, du wirst doch nicht mit leeren Händen daherkommen!“

♣

„Geh zum Metzger und schau, ob er Schweineohren hat“, sagt Mutti zu Eberhard.
„Und? Hatte er welche?“ fragt sie, als Eberhard wieder zurückkommt.
„Hab nichts sehen können“, sagt Eberhard. „Er hatte eine Mütze auf.“

♣

„Verdammt noch mal! Mein Rasiermesser schneidet nicht mehr!“ schimpft Vater.
„Halt die Luft an“, sagt der Sohn. „Wenn es gestern das Linoleum geschnitten hat, dann wird es heute dein bißchen Bart auch noch schaffen!“

♣

Sie suchen eine neue Wohnung.
„Und ein Garten ist auch beim Haus“, sagt der Vermieter. „Na ja, groß ist er gerade nicht.“
„Groß nicht. Aber unwahrscheinlich hoch!“

♣

Was ist das: Steht auf der Wiese, macht „Muh“ und ist blau?
Ein besoffenes Rindvieh.

♣

„Hast du gehört, gestern ist ein Dachdecker überfahren worden."
„Ach nein, ach nein", sagt unsere Tante Amelie.
„Nicht einmal auf dem Dach ist man mehr sicher!"

♣

Wenn unsere Tante Amelie Schuhe kauft, kommt meistens eine Verkäuferin in die Klapsmühle.
„Ich meine doch", sagte sie einmal, „ich nehme jetzt das Paar, das ich als erstes anprobiert habe."
„Tut mir leid", sagte die Verkäuferin, „das hat meine Kollegin jetzt vor vier Stunden verkauft!"
Dann probierte Tante Amelie wieder weiter. Endlich leuchteten ihre Augen auf!
„Das ist gut. Die nehm ich. Die drücken überhaupt nicht."
„Gnädige Frau", sagte da die Verkäuferin. „Sie stehen jetzt in der Schuhschachtel."

„Ja sag mal, wo bleibst du denn so lang?“
„Zwei Stunden habe ich in der Schillerstraße auf die Straßenbahn gewartet!“
„Ja, aber in der Schillerstraße fährt ja gar keine Straßenbahn.“
„Ach so! Drum hab ich so lange gewartet!“

♣

„Was macht Ihr kleiner Sohn, Frau Häberle?“
„Der läuft schon seit acht Wochen!“
„Was Sie nicht sagen! Da müßte er ja schon... Warten Sie mal... Da müßte er ja schon mindestens in München sein!“

♣

Gitti soll ihr kleines Schwesterchen spazierenfahren. Nach zwei Stunden kommt sie wieder heim und hat einen superschicken Kinderwagen dabei.
„Aber das ist doch gar nicht unser Baby!“ ruft entsetzt die Mutti.
„Ja. Aber der Kinderwagen ist einsame Spitze!“ sagt Gitti.

♣

Stolpert irgend so ein Knirps über die Straße und hat einen Glimmstengel in der Schnauze.
„Na warte“, schimpft das Fräulein Killermann. „Das sag ich aber deinem Lehrer!“
„Bin gespannt, wie Sie das machen“, mault der Knirps zurück. „Ich geh nämlich noch gar nicht in die Schule!“

♣

Uropa hat seinen Neunzigsten. Sie bereiten ein Riesenfest vor. Jeder hilft, was er kann. Und plötzlich stellt man fest, daß zwei Kilo Wurst fehlen.
„Die hat die Katze gefressen“, behaupten die Kinder.
„O. k.“, sagt Vati. „Das werden wir gleich haben.“
Er holt die Katze und setzt sie auf die Küchenwaage.
Die Waage zeigt genau zwei Kilo an.
„Also“, meint Vati. „Soweit ist das klar. Hier also ist die Wurst. Und nun frage ich euch: Wo ist die Katze?“

„Mami, darf ich heute so lange lesen, bis ich einschlafe?"
„Von mir aus. Aber nicht länger! Hörst du!"

♣

Benjamin heult Rotz und Wasser.
Kommt eine nette Frau dazu und fragt: „Warum heulst du?"
„Weil ich ein Zweimarkstück verloren habe", sagt Benjamin.
Da kriegt die nette Frau das große Mitleid und schiebt dem Benjamin ein Zweimarkstück in die Tasche.
Kaum ist das geschehen, brüllt Benjamin erst richtig los.
„Aber, um Himmelswillen, warum heulst du immer noch?" fragt die nette Frau.
„Weil... weil, wenn ich die zwei Mark nicht verloren hätte, dann hätte ich jetzt schon vier Mark...", stottert Benjamin.

♣

Was ist das nützlichste Tier?
Antwort: Das Rindvieh. Man kann alles von ihm gebrauchen. Das Fleisch, die Haut, die Hörner, die Knochen, die Milch. Sogar den Namen.

♣

„Jetzt setz dich hin, und mach endlich deine Hausaufgaben." Papi versucht seinen Leo anzuheizen. Aber Leo meint: „Papi, ich bin sooo müde!"
„Das macht gar nichts. Harte Arbeit hat bis heute noch keinen umgebracht!"
„Schon. Aber warum soll dann ausgerechnet ich der erste sein?" meint Leo.

♣

„Mami, ist noch weit bis Weihnachten?"
„Warum fragst du?"
„Sag mir's, wenn's soweit ist. Damit ich rechtzeitig anfange, brav zu sein!"

♣

„Ich glaub, unser Opa braucht eine neue Brille."
„Wie das?"
„Er sitzt schon zwei Stunden vor der laufenden Waschmaschine und schimpft, daß das Fernsehprogramm wieder so mies ist."

♣

„Haben Schlangen einen Schwanz?"
„O ja. Das ist sogar das einzige, was sie haben."

♣

ZZZZZ

SIE MÜSSEN FALSCH VERBUNDEN SEIN, WIR HABEN GAR KEIN TELEFON!

„Du, da ist einer draußen, der sammelt für das neue Seniorenheim."
„Is gut. Gib ihm den Opa mit!"

♣

Tobi kommt total zerfetzt und zerkratzt nach Hause. Jammert Mami: „Mein süßes Engelchen, was hast du nur gemacht!"
„Ein paar Typen zur Sau gemacht, die immer zu mir sagen: ‚Da kommt Mamis süßes Engelchen'!"

♣

„Tut mir leid", sagt der Personalchef. „Wir haben keine Arbeit für dich!"
„Das", antwortet unser Matthias, „würde mir eigentlich überhaupt nichts ausmachen."

♣

Mutti ist sauer auf ihren Oliver.
„Es ist jetzt fast zehn Uhr, und du liegst immer noch im Bett. Steh sofort auf und schäm dich!"
„Ach, weißt du, Mami", meint Oliver. „Ich bleib noch ein wenig liegen. Schämen kann ich mich auch im Bett."

♣

„Meine Mutter nörgelt jetzt sieben Monate an mir herum!"
„Was will sie denn dauernd?"
„Ich soll den Weihnachtsbaum wegräumen."

♣

„Bei uns zu Hause ist auch so eine beschissene Stimmung, echt ätzend", schimpft Sven. „Der einzige, der gut aufgelegt ist, ist der Telefonhörer!"

„Schraub dich hoch und hol Bier aus dem Keller“, sagt Vater. „Du hast die jüngeren Beine!“
„Meinst du nicht“, antwortet Thomas, „daß wir erst einmal die alten aufbrauchen sollten?“

♣

„Das Essen ist fertig“, ruft Mutti durch die Wohnung. „Kommt nörgeln!“

♣

„Papa, wann wurde Michael Jackson geboren?“
„Keine Ahnung.“
„Und wann ist er zum ersten Mal aufgetreten?“
„Weiß ich doch nicht.“
„Wie heißt sein Manager?“
„Weiß ich auch nicht.“
„Uns so was wie du ist Professor für Geschichte!“

♣

„Jetzt rechne mal mit“, sagt der Lehrer. „Deine Mutti kauft eine Handtasche um 90 Mark, ein Paar Schuhe um 160 Mark, einen Wintermantel um 430 Mark und einen Hut um 170 Mark. Was ergibt das?“
„Einen Saukrach von Vati.“

♣

Unsere Oma ist die Kellertreppe hinuntergesegelt und kriegt ein Gipsbein.
„Vorerst können Sie damit nicht Treppen steigen!" hat der Doktor Pfannenstiel gesagt.
Nach einiger Zeit kriegt er einen Anruf von Oma: „Wann darf ich endlich wieder Treppen steigen?" fragt sie. „Wissen Sie, das Rauf- und Runterhangeln an der Dachrinne strengt mich doch sehr an!"

♣

Annettchen kommt nicht und kommt nicht zum Frühstück.
„Ja, wo bleibst du denn!" tönt es aus der Diele.
„Ich muß noch Salz in den Streuer tun. Habt ihr gesagt. Und das Zeug kriege ich so verdammt schwer durch die Löcher!"

♣

Mutti sitzt in der Küche und betupft sich die Stirn mit Kölnisch Wasser. Vati kippt einen Cognac nach dem anderen. Oma träufelt Baldrian auf einen Löffel.
„Was?" fragt Brigitte ihren Bruder. „Ihr habt die Zeugnisse heute schon gekriegt?"

♣

Alexander, der immer zu viel denkt, bekommt von seiner Omi eine Tafel Halbbitter geschenkt. Er wickelt die Tafel aus und versinkt in tiefes Nachdenken.
„Warum ißt du nicht!“ fragt Omi.
„Weil ich nicht weiß, welche Hälfte die bittere ist, und welche die süße.“

♣

„Gib doch den Goldfischen frisches Wasser!“
„Wieso? Sie haben ja das alte noch nicht ausgetrunken.“

Sie haben den Lukas zum Bäcker Meier geschickt. Er soll dort zehn Brötchen holen. Lukas kommt zurück, an einer Riesentüte Eis schleckend, aber ohne die Brötchen.
„Was soll das!“ fährt ihn Mutti an.
„Brötchen haben sie nicht mehr gehabt“, erklärt Lukas.
„Ja, und das Eis . . .?“
„Da hab ich mir gedacht, von irgend etwas muß er ja leben, der Bäcker Meier . . .“

♣

Schwesterchen Christiane ist wieder einmal der Mittelpunkt des Universums. Sie kommt heim, ist noch kaum bei der Türe herinnen und fragt schon ihren Bruder:
„Ist jemand gekommen?“
„Ja.“
„Wer?“
„Du.“
„Ich meine, war inzwischen jemand da?“
„Ja.“
„Wer?“
„Ich.“

♣

Die Eltern sind verreist. Nina und Tobi müssen alleine zu Hause bleiben. Wer kümmert sich um sie?
„Das mach ich schon!“ hatte Nina gesagt.
Und richtig. Als Tobi am ersten Tag nach Hause kommt, findet er einen Zettel auf dem Küchentisch: „Das Essen steht im Kochbuch Seite 314 oben!“

♣

Ein paar Tage später erzählt Nina ihren Freundinnen:
„Heute hab ich dem Tobi irrtümlich Seifenflocken statt Haferflocken in das Müsli gegeben!“
„Und? Was war dann?“
„Geschäumt hat er!“

♣

Dann sagte Tobi einmal zu Nina:
„Warum blätterst du so hektisch im Kochbuch?“
„Weil ich wissen möchte, wie man Wäsche kocht“, sagte Nina.

4. Kapitel

Ganz schön schräg

„Wieso gehst du in den Karateclub?“
„Da lernt man zum Beispiel, wie man mit einem einzigen Handschlag einen Ziegelstein zerschlägt.“
„Und wofür soll das gut sein?“
„Na ja, wenn man zum Beispiel nachts überfallen wird.“
„Ja schon, aber wann wird man nachts von einem Ziegelstein überfallen!“

♣

„Also der Schiedsrichter war eine Katastrophe“, sagten sie nachher.
„Aber laufen konnte er erstklassig“, meinte Karsten.

♣

Tobi und Flori sitzen im Kino.
John Wayne reitet auf ein Riff zu. John Wayne kommt immer näher auf das Riff zu, es ist nicht mehr auszuhalten vor Spannung.
Da sagt Tobi: „Wetten, daß er nicht runterstürzt!“
„Wetten“, sagt Flori.
Und John Wayne stürzt ab.
„Also, das kapiere ich nicht“, sagt Tobi. „Ich hab nämlich den Film schon gesehen!“
„Und wieso wettest du dann?“
„Wer denkt denn, daß dieser Mann so einen Fehler zweimal macht!“

„Papi hat mir eine Gitarre gekauft. Eine ganz billige. Ohne Saiten."
„Ohne Saiten?!"
„Ja. Er sagt, zum Lernen reicht's schon."

„Mensch, stell dir vor, gestern hab ich mit Thomas Gottschalk telefoniert!"
„Wahnsinn! Und was hat er gesagt?"
„Falsch verbunden."

♣

„Kannst du mir sagen, wie spät es jetzt ist?"
„Es ist jetzt genau halb."
„Was, halb? Halb vier, halb fünf, oder was?"
„Das weiß ich nicht. Mir ist der kleine Zeiger abgebrochen."

♣

Fernsehquiz für Gehirnathleten:
„Was ist der Unterschied zwischen?“ fragt der Quizmaster.
„Zwischen was?“ fragt der Kandidat zurück.
„Tut mir leid“, sagt der Quizmaster, „helfen darf ich nicht.“

♣

Das kleine Mottchen heult:
„Das ist doch echt bescheuert. Den ganzen Sommer muß ich in Pelzmänteln leben. Und im Winter, wenn’s saukalt ist, im Bikini!“

♣

„Mein Hund kann mich schon auf fünfzig Meter riechen!“
„Dann würde ich mich aber einmal waschen!“

♣

„Fällt es dir schwer, eine feste Meinung zu haben?“
„Ja und nein.“

♣

Herr Randomir kommt ins Haushaltswarengeschäft und japst:
„Schnell, schnell, eine Mausefalle! Ich muß noch die U-Bahn erwischen!“
„Tut mir leid“, sagt die Verkäuferin. „So große Mausefallen führen wir nicht.“

„Zum tausendsten Male: Nein!“ sagt der Neandertaler zu seinem Sohn. „Du kannst jetzt nicht fernsehen. Es ist doch noch gar nicht erfunden!“

♣

„Au fein!“ sagt der Holzwurmpapi zu seiner Sippe. „Meiers von nebenan haben Möbel aus Hongkong gekriegt. Am Sonntag gehen wir chinesisch essen!“

♣

„Liebe Beratungsstelle!“ schreibt Frau Weckerl an den Hühnerzucht-Fachverband. „Ich züchte Hühner. Habe aber wenig Glück dabei. Immer, wenn ich morgens in den Stall komme, liegen einige der Hühner auf dem Rücken, recken die Beine zum Himmel und rühren sich nicht mehr. Was ist nur los mit meinen Hühnern?“
Und postwendend erhält sie die Antwort:
„Sehr geehrte Frau Weckerl, Ihre Hühner sind tot!“

♣

Was ist einer, der sich nicht wäscht?
Antwort: Ein Energiesparschwein.

♣

Es war das vierundzwanzigste Spiel in der Saison.
Und wieder haben sie verloren.
Auf der Heimfahrt meint unser Präsident zum Busfahrer: „Weißt du was. In der nächsten Ortschaft drehst du auf hundertzwanzig auf. Dann bekommen wir wenigstens in Flensburg Punkte!“

♣

Ganz feine Leute auf einem Bauernhof.
„Mutti“, sagt die kleine Eleonora, „jetzt bin ich in ein ganz häßliches Wort getreten!“

♣

Waschmaschinen-Super-Demonstration in der Stadthalle. Unsere Tante Emilie kommt mit einem Korb Wäsche angetanzt, und der Vertreter zeigt, was sein Maschinchen alles kann.
Es ist grandios! „Na“, strahlt der Vertreter. „Ist Ihre Wäsche jetzt nicht super-ultra-blendend weiß!“
„Schon“, sagt unsere Tante Emilie. „Aber farbig war sie schöner.“

♣

„Oje, oje“, jammert der kleine Glühwurm. „Ich glaube, ich muß zum Augenarzt.“
„Wieso?“
„Wegen einer Brille.“
„Wozu?“
„Habe gestern aus Versehen eine glimmende Zigarette geküßt!“

♣

„Wenn ich nicht einschlafen kann“, sagt Frau Weckerle, „dann zähl ich bis drei!“
„Und das hilft?“
„Na ja. Manchmal muß ich auch bis halb vier zählen.“

♣

Frage: Was ißt ein Physiker, wenn er schlank werden will?
Antwort: Microchips!

Lehrling Uwe spaziert ins Chefbüro, schüttet dem Hauptbuchhalter den Papierkorb auf den Schreibtisch, stülpt der Chefsekretärin den Kaffeetopf über die Dauerwellen, und kaum, daß der Big Boß seine Rübe durch die Türe schiebt, langt ihm Uwe eine Ohrfeige, daß es ein Echo gibt...
Da kommt dem Uwe sein Freund, der Klausi, angerast:
„Mensch, Uwe", schreit er. „Das mit dem Lottosechser war nur ein Aprilscherz!"

♣

Der kleine Uli mit der großen Klappe sieht zwar noch nicht richtig auf den Tisch hinauf. Er hat sich aber schon in Müllers Susi verguckt.
„Susi", sagt er. „Ich werde dich heiraten."
Susi gefällt die Sache. Sie hat aber noch Bedenken.
„Ich kann nämlich nicht kochen", flüstert sie.
„Null Problemo", meint da Uli. „Wir kaufen einfach einen vollautomatischen Herd!"

♣

„Herr Professor! Herr Professor! In Ihrer Bibliothek ist ein Einbrecher!"
„Soso. Und was liest er?"

♣

„Was macht dein Bruder?“
„Der ist Wurmimitator.“
„Und davon kann man leben?“
„Und wie. Er bohrt nämlich Wurmlöcher in neue Möbel, damit sie antik werden.“

♣

Schon als Baby im Kinderwagen war der kleine Uli mit der großen Klappe ein Autofreak.
„Meine Mutti schiebt ganz ordentlich“, erklärte er einem Babykollegen. „Nur in den Kurven und am Berg ist sie etwas langsam.“

♣

„Herr Meisenbrinck ist ein wahnsinnig wichtiger Mann in unserem Städtchen. Und drei Orden hat der Mann! Drei Orden!“
„Wofür hat er die gekriegt?“
„Also, paß mal auf:
Den dritten Orden hat er gekriegt, weil er schon zwei hatte.
Den zweiten Orden haben sie ihm gegeben, weil er schon einen hatte.
Und den ersten, ja, den hat er gekriegt, weil er noch keinen hatte.“

♣

Es war eine Schau, den Dieter beim Golfspielen zu bewundern.
Sie sahen, wie er mächtig ausholte, den Schläger wieder sinken ließ, mit den Füßen trippelte, wieder ausholte und ewig so weiter...
Da bekamen sie es mit der Angst.
„Wo sollen wir uns hinstellen, damit er uns nicht treffen kann?"
„Am besten gleich neben das Loch", meinte Sabine.

Schlaffi, der Penner, betritt die Reinigung.
„Was kostet das Reinigen eines Anzugs bei Ihnen?"
„Mit Bügeln fünfzehn Mark", sagt die Frau.
„Is gut", meint Schlaffi. „Dann reinigen Sie mir mal schön die Vorderseite von meinem Anzug. Ich muß mich nämlich fotografieren lassen."

♣

Müllers besichtigen eine neue Wohnung.
Der Vermieter verschwindet rasch im Nebenzimmer und flüstert:
„Können Sie mich hören?"
„Na klar!"
„Können Sie mich sehen?"
„Nö."
„Das sind Wände, was!" ruft begeistert der Vermieter.

♣

„Ich möchte einmal so viel Geld haben, daß ich mir einen Baukran kaufen kann", philosophiert Schlaffi, der Penner.
„Zu was brauchst du einen Baukran?" fragt ihn ein anderer.
„Zu nichts. Ich möchte ja nur das Geld haben", sagt Schlaffi.

♣

Bernadettchen liebt ihren Dackel über alles.
Bevor er daher aus einer Pfütze trinken darf, fährt sie erst einmal mit dem Roller ein paarmal durch, damit alle Bakterien tot sind.

♣

„Mami, weißt du, wieviel Zahnpasta in einer Tube ist?“
„Nein.“
„Es reicht vom Bad über den Flur durchs Wohnzimmer und fast über die ganze Terrasse!“

♣

Warum soll man sich Bücher kaufen?
Es kann ja sein, daß der Fernseher einmal kaputt ist!

„Wenn das noch mal vorkommt, kriegst du eine Ohrfeige!“ schimpft Vati. „Immer, wenn ich nicht da bin, rauchst du meine Pfeife!“
„Ja, und du? Immer wenn ich im Bett bin, spielst du mit meiner Eisenbahn!“

„Weißt du, daß Querstreifen dick machen?“ sagt die figur- und modebewußte Schwester.
„Welcher Idiot ißt schon Querstreifen!“ antwortet der Bruder.

♣

Unser kleines Susilein setzt ihr Brüderchen in den Puppenwagen und fährt damit durch die Gegend.
„Wäre es nicht besser, du würdest deine Puppe herumfahren“, sagt die ängstliche Tante Amelie.
„Ja blöd!“ sagt Susilein. „Und wenn ich umschmeiße, ist die Puppe kaputt!“

♣

Alex war bei den Memmelmanns als Babysitter.
„Na, war die Bande einigermaßen brav?“ fragt der alte Memmelmann, als sie wieder zu Hause waren.
„Zuerst nicht“, antwortete Alex. „Aber als ich ihnen versprochen habe, daß sie heute von Ihnen ein Pony kriegen, wenn sie schön einschlafen, dann schon.“

♣

„Mein Bruder trägt immer Golfsocken“, sagt Ulrike.
„Was ist das?“
„Strümpfe mit achtzehn Löchern.“

„Da habt ihr aber einen wunderschönen Schneemann gebaut", sagt Frau Nüßlein zu der Bande. „Der sieht genau aus wie mein Wolfi!"
„Muß er auch", sagen sie. „Ihr Wolfi steckt nämlich drin!"

♣

Patrizia hat mal wieder ihre feministische Anwandlung.
„Warum", sagt sie, „gehen immer nur die männlichen Kassierer mit der Kasse durch. Nie liest man, daß einmal eine Kassiererin mit der Kasse abhaut!"
„Na klar", sagt Kurti. „Die gehen nicht mit der Kasse durch, die gehen mit dem Direktor durch!"

♣

Gilbert hat einen Taschenrechner gekriegt und ist mächtig stolz. Es ist auch sein erster.
„Dann kannst du mir gleich einmal ausrechnen, wieviel 379 mal 17 ist", sagt Mami.
„Klar", sagt Gilbert. „Und bis wann mußt du das Endergebnis haben?"

♣

„Als was gehst du im Karneval?“
„Als Bazille“, sagt Sabrina.
„Und wie machst du das?“
„Ganz einfach. Zuerst bringe ich die Jungs auf Temperatur. Und dann huste ich ihnen was.“

„Wie war die Leberwurstpastete, die wir euch rübergeschickt haben?“
„Haarscharf richtig.“
„Haarscharf richtig. Was heißt das?“
„Wenn sie eine Idee älter gewesen wäre, hätten wir sie nicht runtergekriegt. Und wenn sie eine Idee frischer gewesen wäre, hättet ihr sie uns nicht rübergeschickt.“

♣

Im Hundesalon kaufen sie ihrem Fiffi einen Trinknapf. „Hier haben wir einen besonders schönen, da steht ‚Für unseren Hund' drauf", sagt der Verkäufer.
„Nicht nötig", meint Pamela. „Unser Vati trinkt kein Wasser und der Fiffi kann nicht lesen."

♣

„Führt dein Bruder Selbstgespräche, wenn er allein ist?"
„Weiß ich doch nicht. Ich war noch nie dabei, wenn er allein war."

♣

„Wenn ich groß bin", sagt Heidi, „ganz groß, meine ich, dann möchte ich zwei Tiere. Einen Jaguar und einen Nerz!"
„Und einen blöden Hund, der das alles zahlt", ergänzt der Bruder.

♣

„Möchtest du vielleicht Pfarrer werden?" fragt Tante Amelie unseren Uli.
„Nö", sagt Uli. „Da ist mir jeder Sonntag versaut!"

♣

Der kleine Uli mit der großen Klappe soll ein Kettcar bekommen.
Im Geschäft zeigt er, daß er den großen Durchblick hat: „Wie ist die Kurvenlage?“ fragt er den Verkäufer. „Der Bremsweg? Die Beschleunigung aus dem Stand? Und wie reagiert das Ding, wenn ich damit einmal durch die Schallmauer möchte?“

♣

Welcher Bus fuhr schon bis nach Amerika?
Der Columbus.

„. . . biiing“, macht der Fernseher und ist kaputt.
Da seufzt Vater tief. Steht auf. Streckt sich. Schaut seine Kinder an und sagt:
„Du liebe Zeit, seid ihr aber groß geworden!“

♣

Simon schreibt seiner Freundin Katrin einen Brief:
„Ich kann morgens nichts essen, weil ich an Dich denke. Und mittags kann ich nichts essen, weil ich immer an Dich denke. Und abends kann ich nichts essen, weil ich immer noch an Dich denke! Und nachts kann ich nicht schlafen, weil ich solchen Hunger habe . . .“

♣

„Kommen Sie vielleicht in zehn oder zwanzig Jahren zu mir“, sagt der Schlagerproduzent.
„Verzeihung. Soll ich vormittags kommen oder lieber nachmittags?“ fragt der Jungkomponist.

♣

Alter Spruch: Man soll den Tag
nicht vor dem Abendprogramm loben.

♣

Ferien auf dem Bauernhof. Und sie fragen dem alten Eggerbauern ein Loch in den Bauch.
„... und wie viele Hühner haben Sie?"
„Hundert."
„Und was machen diese Hühner den ganzen Tag?"
„Neunundneunzig legen Eier."
„Und das hundertste?"
„Das macht mir die Buchhaltung."

♣

Sie sitzen am Frühstückstisch.
Kommt der kleine Bernhard herein und sagt:
„Wenn ihr mir eine Mark gebt, mach ich ein Huhn nach."
„O. k.", sagen sie, und Bernhard kriegt das Geld.
„So", sagen sie dann, „nun gackere mal schön."
„Wieso gackern?" sagt Bernhard. „Ich verschlucke jetzt einen Regenwurm."

♣

„Na, was habt ihr erkundet auf eurem Strandspaziergang?" fragt der nette Onkel vom Korb nebenan.
„Wir haben herausgebracht, daß Ihr Recorder unter Wasser nicht spielt", antworten die lieben Kinderchen.

♣

„Vor zweihundert oder dreihundert Jahren hat noch kein Mensch etwas vom Telefonieren gewußt“, philosophiert Klausi.
„Ja, und dabei ist die Sache so einfach“, ergänzt Susi. „Man hebt ab und wählt.“

♣

Unser FC Krautacker hat einen neuen Libero. Aber niemand ist so recht glücklich mit dieser Neuerwerbung.
„Mensch, dieser Typ hinkt ja. Hat er das immer?“ stänkert einer.
„Nö“, sagt der Trainer. „Nur wenn er läuft oder geht.“

♣

„Meine sehr verehrten Damen und Herren“, begann Professor Stopka seinen Vortrag. „Wie grenzenlos die menschliche Blödheit ist, wird Ihnen mein Vortrag beweisen.“

♣

„Unser Papagei flucht seit neuestem wie ein alter Seemann. Hast du ihm das beigebracht?“
„I wo. Ich hab ihm nur die Wörter gesagt, die man nicht gebrauchen darf.“

♣

Wird das Fernsehen die Zeitung verdrängen?
Niemals!
Und warum nicht?
Kannst du mit einem Fernseher den Ofen anheizen?
Oder eine Fliege totschlagen?
Oder in einen Fernseher ein Schmalzbrot wickeln?

♣

In einer Tierhandlung:
„Ich möchte von den beiden Kanarienvögeln den, der so schön singt!"
„Dann müssen Sie aber den anderen auch nehmen!"
„Den, der immer stumm dasitzt?"
„Ja. Das ist nämlich der Komponist. Der macht dem Sänger die Musik!"

♣

„Wie war gestern der Fernsehkrimi?"
„Toll und lebensnah! Sogar die Handlung war geklaut!"

Der Ölscheich kauft einen Rolls-Royce, mit goldenem Kühler, eingebauter Champagnerbar und so.
Dann drückt er dem Händler ein Bündel Dollarscheine in das Pfötchen und sagt:
„. . . den Rest geben Sie mir bitte in VWs heraus!“

♣

Mitten in der Nacht läutet bei Meisegeiers das Telefon.
„Hier ist die Polizei“, sagt der Anrufer. „Wir haben an der Autobahneinfahrt einen Kerl geschnappt, der hat Ihren Wagen geklaut!“
„Moment mal!“ brüllt Meisegeier in den Hörer. „Halten Sie den Kerl unter allen Umständen auf und lassen Sie ihn nicht laufen. Den muß ich fragen, wie er es fertiggebracht hat, meinen Motor bei dieser Kälte in Gang zu bringen!“

♣

Kurti kommt mit seinem Wagen Marke Schrottplatzzierde an die Tankstelle.
„Zehn Liter Super“, sagt er.
Skeptisch meint der Tankwart:
„Wollen Sie wirklich noch so viel in diesen Wagen investieren?“

♣

Sie hätten gerne einen Bauernhof, aber ganz weit draußen, von wegen alternativem Leben.
„Aber jetzt weiß ich nicht, soll ich mir ein Fahrrad anschaffen oder eine Kuh?“ meint Swen.
„Ein Fahrrad natürlich“, meint Ester. „Auf einer Kuh kannste nicht reiten.“
„Und? Kannste vielleicht ein Fahrrad melken?“

♣

Oliver hat eine supergeile Golfausrüstung. Putter jede Menge, Tasche, Golfschuhe, Allwetter-Handschuhe, Ballangler, Scorer, was du dir denken kannst. Und alles vom Feinsten!
„Und hast du ihn schon spielen gesehen?“ wird einer gefragt.
„Ja.“
„Und, wie war er?“
„Er war besser als sein Ball!“

♣

„Niemals“, sagt Karsten, „nehme ich meinen kleinen Bruder mehr zum Angeln mit!“
„Wieso? War er nicht brav?“
„Er hat mir alle meine Würmer weggefressen!“

♣

„Unsere Katze geht jetzt in die Aerobic-Schule.“
„Warum das?“
„Da kriegt sie dann immer einen ganz tollen Muskelkater.“

♣

Passionsspiel in Oberammergau. Das Publikum ist ergriffen.
Da saust der Regisseur zum Bürgermeister hin und zischelt:
„Das ist glatter Wahnsinn! Da steht die Maria und zieht ihre Armbanduhr auf!“
„Ja mei“, sagt der Bürgermeister. „Vielleicht haben die damals noch keine Automatik gehabt.“

♣

„Bei unserem Schuster kann man warten, bis er die Stiefel repariert hat.“
„Wie lange?“
„So sechs bis acht Wochen.“

♣

Frage: Was ist, wenn man ein Stinktier mit einem Adler kreuzt?
Antwort: Dann stinkt es zum Himmel.

♣

5. Kapitel

Einmal Europa und zurück

Seine Lordschaft sind stocktaub. Spätabends kommen Seine Lordschaft heim. Der Butler nimmt ihm den Mantel ab und murmelt:
„Na, alter Bock. Wieder in den Bars von Soho Champagner gesoffen und mit alten Schlampen herumgeflirtet!“
„Nein“, sagt da Seine Lordschaft. „In der Stadt gewesen und endlich ein Hörgerät gekauft!“

♣

Rom. Ein feiner Herr und ein Junge kommen zu einem Friseur.
„Haarschneiden für uns beide“, sagt der feine Signore. „Aber mir zuerst. Und auch noch rasieren!“
Als der Signore fertig ist, sagt er zum Jungen: „Also, du wartest hier, bis ich dich hole!“ Und verschwindet. Der Junge bekommt auch die Haare geschnitten. Und als nach einer Stunde der feine Herr noch nicht da ist, sagt der Friseur:
„Na, dein Papa braucht aber lange!“
„Wieso Papa?“ fragt der Junge. „Das ist doch der Herr, der auf der Straße zu mir gesagt hat: Komm mit, wir wollen uns beide kostenlos die Haare schneiden lassen!“

♣

„Ich war auf Pirsch mit der Kamera in den Abruzzen", tönte Randomir. „Einmal verfolgte mich sogar ein Rudel von hundert Wölfen!"
„Ach, hör auf! In den Abruzzen gibt es doch gar keine hundert Wölfe mehr!"
„Dann fünfzig."
„Da gibt es auch keine fünfzig mehr!"
„Dann vielleicht zwanzig?"
„In der Gegend, wo du warst, gibt es überhaupt keine Wölfe!"
„Aber was hat dann im Gebüsch so schrecklich geraschelt?"

♣

„Wegen dieser Scheißpostkarte habe ich jetzt die neunhundertfünfundvierzig Stufen zu deinem Leuchtturm hochsteigen müssen", schimpft der Postbote irgendwo in Nordnorwegen.
„Und wenn du nicht gleich die Klappe hältst", sagt der Leuchtturmwächter, „dann bestelle ich den Tageskurier!"

Jugendaustausch und Freundschaftsspiel in Frankreich. Bevor es mit Fußball losgeht, muß irgend so einer noch eine Rede loswerden.
„Und ich freue mich", sagt er, „daß junge Sportler aus dem Lande Goethes und Schillers zu uns gekommen sind!"
„Goethe und Schiller?" flüstert unser Libero dem Torwart zu. „Spielen die beim HSV oder bei Bayern?"

♣

Treffen sich drei Gespenster in einem englischen Schloß um Mitternacht.
„Ich muß ständig mit dem Kopf unterm Arm herumlaufen. Ich war der Henker von London", sagt eines.
„Ich muß mir zur Strafe täglich ein Messer in den Bauch rammen", sagt das andere Gespenst. „Ich war Jack, der Bauchaufschlitzer."
„Ihr habt's gut", sagt das dritte. „Ich muß alle Viertelstunde unter die Dusche. Ich war der Wetterprophet der BBC."

♣

Ein Schotte kauft einen Atlas für seinen Sohn.
„Da hätten wir das Allerneueste", sagt der Buchhändler.
„Ein alter tut's auch!"
„Wie alt?"
„Na ja, Amerika soll schon drauf sein!"

Sie sind in Bologna. Onkel Kurt war vorher schon einmal in Italien. Darum hat er das große Wort. Im Ristorante studiert er die Speisekarte runter und rauf. Dann rauf und runter. Endlich hat er's.
Er winkt dem Ober.
„Herr Ober", ruft er. „Bringen Sie uns vier Portionen Battistini!"
„Signore", sagt der Ober, „das dürfte sich kaum machen lassen. Battistini ist der Besitzer dieses Lokales."

♣

Theateraufführung in England. Richard III. von Shakespeare wird gespielt. Dann kommt die berühmte Stelle, wo es heißt: „Ein Pferd, ein Pferd, ein Königreich für ein Pferd!“
Da ruft irgendein Witzbold von der Galerie herunter: „Darf's vielleicht auch ein Esel sein?“
„Aber ja, mein Bester“, antwortet der Schauspieler. „Kommen Sie bitte sofort herunter!“

♣

Schotten rauchen keine Filterzigaretten. Warum? Sie vertragen das Aroma der glimmenden Filter nicht.

♣

Was hat der Bürgermeister von Pisa gesagt, als sie mit dem Turmbau begonnen haben?
„Also los!“ hat er gesagt. „Es wird schon schiefgehen!“

♣

Zwei Tiroler betrachten einige Fräuleins aus Wien. „Die reden viel feiner als wir“, sagt der eine.
„Die riechen auch viel feiner als wir“, meint der andere.
„Die werden auch halt was anderes essen als wir“, meint der eine.

♣

„Schlimme Zeiten sind das“, jammert Seine Lordschaft. „Ich mußte mein Schloß dem Touristenstrom öffnen.“
„Und ich“, jammert der andere Lord, „mußte sogar mein Schloßgespenst an eine Geisterbahn vermieten!“

♣

Auf dem Bergbauernhof:
„Bischt du mit dem Luis verwandt?“
„Wohlwohl, aber nur ganz weitschichtig.“
„Aber ich hab gemeint, er ischt dein Bruder!“
„Dös schon. Aber ich bin das erschte Kind. Und er ischt erst das achtzehnte gewesen.“

♣

„Dieses Jahr nehmen wir unseren eigenen Fernseher mit nach Italien“, sagt Frau Nüßlein.
„Warum das? Haben die in ihrem Hotel nicht einmal einen Fernseher?“
„Einen Fernseher schon“, sagt Frau Nüßlein. „Aber nur einen, der italienisch spricht.“

♣

Meisengeiers sind wahnsinnig feine Leute.
In Paris stehen sie auf dem falschen Bahnsteig, und drüben haut der richtige Expreß ab.
Da sagt Benny Meisengeier: „Gell, Papi, wenn wir jetzt nicht so feine Leute wären, würden wir ganz laut Scheiße sagen!“

ROM

WIEVIEL HOLZ
BRAUCHT MAN
DENN SO DAZU?
DAS KOMMT
DRAUF AN, OB'S
EIN ORTS-
ODER EIN
FERNGESPRÄCH
IST!

„Bringt mich dieser Weg nach Worcester?“ fragt ein einsamer Wanderer.
„No, Sir“, antwortet ein Brite. „Da müssen Sie schon selber gehen!“

„Haste gehört: In Italien ist der Vesuv wieder ausgebrochen!“
„Keine Angst. Die kriegen ihn bald wieder.“

Schmalstich ist in Wien auf Urlaub. Nach acht Tagen beguckt er sich einmal seine Brieftasche genauer und beschließt, ab sofort sparsamer zu leben.
Auf der Straße rennt er neben einem Taxi her.
„Was kostet es zum Westbahnhof?“ ruft er.
„Fünfzig Schilling“, ruft der Taxifahrer.
Köpfchen! denkt Schmalstich, und rennt wie ein Verrückter neben dem Taxi her. Nach längerer Zeit ruft er wieder:
„Was kostet es jetzt zum Westbahnhof?“
„Hundert Schilling“, brüllt der Taxler. „Der Westbahnhof ist auf der anderen Seite!“

Ein Schotte hat ein Paket Hühneraugenpflaster gefunden. Jetzt muß er sich Schuhe kaufen, die drücken!

♣

„Manchmal bin ich direkt froh, daß ich nicht in Dänemark auf die Welt gekommen bin."
„Warum das?"
„Weil ich nicht Dänisch kann."

♣

Eine Reisegruppe besichtigt ein türkisches Dorf.
„Und hier, meine Herrschaften, sehen Sie die berühmten Tabakpflanzen in voller Blüte", sagt der Reiseleiter.
„Interessant", meint Herr Memmelmann. „Und wann kann man die Zigaretten pflücken?"

♣

„Wie war's in Venedig?"
„Also, komisch sind diese Italiener", sagte Frau Schmalstich. „Da war die ganze Stadt überschwemmt. Und was tun diese Leute? Sie singen, singen und singen!"

♣

Im Museum stehen sie vor einer Statue. Sie ist von Rodin und heißt: DER DENKER.
„Was der wohl denkt?" fragt Karli.
„Der denkt wahrscheinlich darüber nach, wo er seine Klamotten gelassen hat", meint Max.

♣

„Diese Orangen stammen doch aus eurem Land", sagt Uli zu einem Spanier. „Da müßten sie doch viel billiger sein als bei uns."
„Ja schon", sagt der Spanier. „Aber wir möchten, daß ihr euch bei uns wie zu Hause fühlt!"

♣

Nachts um zwei Uhr läutet in Lüttikon in der Schweiz in einer Apotheke das Telefon.
„Hier ist die Apotheke Zum Goldenen Engel", meldet sich der Herr Apotheker.
„Kann ich bitte den Herrn Apotheker sprechen?"
„Jawohl. Ich bin selber am Apparat."
„Ich bräuchte nämlich eine Auskunft. Haben Sie auch Schnüllerli?"
„Aber selbstverständlich."
„Und haben Sie auch Schnüllerli, wo die Scheibe blau ist?"
„Aber, ja freilich."
„Haben Sie vielleicht auch Schnüllerli, wo die Scheibe rosarot ist?"
„Ja, zum Donnerwetter. Das haben wir auch."
„Dann ist es gut, Herr Apotheker. Jetzt habe ich eine Bitte. Schieben Sie sich doch einen von den blauen und einen von den rosaroten Schnüllerli in den Mund. Und behalten sie drin!"
Da knallt der Apotheker wütend den Hörer hin und steigt wieder in sein Bett.
In der nächsten Nacht aber klingelt wieder das Telefon. Und wieder um zwei Uhr.
„Ist dort die Apotheke Zum Goldenen Engel?"
„Ja."
„Ich komme zurück auf meinen Anruf von gestern. Herr Apotheker, das Ganze war ein Scherz. Sie können die Schnuller wieder aus dem Mund nehmen."

Der Soldat Bluntschli bekommt einen Auftrag.
Er soll zum Flughafen. Und dort dann in eine Maschine steigen, die ihn auf fünftausend Meter Höhe bringt. Dann soll er sich aus der Maschine stürzen, bis zehn zählen und dann die Reißleine für den Fallschirm ziehen. Unten, so heißt es, wird dann ein Jeep stehen, der ihn wieder zur Kaserne zurückbringt.
Der Soldat Bluntschli gehorcht. Er springt bei fünftausend Metern aus der Maschine, zählt bis zehn und zieht die Reißleine. Aber der Fallschirm öffnet sich nicht. Der Soldat zieht noch ein paarmal an der Reißleine, aber der Fallschirm geht nicht auf.
Da sagt der Soldat Bluntschli: „Lachen müßte ich ja, wenn der Jeep auch nicht da wäre!“

Sie übernachten in einem alten englischen Schloß. Um Mitternacht werden sie wach. Es knackt und raschelt und stöhnt draußen auf dem Flur. Sind das Gespenster?
„Sieh nach“, flüstert Irmi.
„Sieh du nach“, flüstert Martina zurück. „Du bist besser in Englisch als ich.“

♣

Rocker stürmen eine Kneipe.
„Raus! Ihr Stinktiere!“ brüllen sie.
Und jeder verschwindet, so schnell er kann. Nur ein baumlanger Brite bleibt ruhig an seinem Tisch sitzen.
„Was ist los mit dir!“ brüllt ein Rocker.
„War eine Menge Stinktiere da, nicht wahr?“ sagt der Brite.

♣

Welcher Wein wächst am Fuße des Vesuv?
Glühwein.

♣

„Jim!“ sagen sie zum alten Jim. „Du hast ein Gebiß wie eine hundertjährige Säge!“
„Dann geh ich morgen zu meinem Bruder“, sagt der alte Jim.
Und wirklich. Schon einen Tag später kam er mit nagelneuen Zähnen daher.
„Mann!“ sagen da die anderen. „Wir wußten ja gar nicht, daß dein Bruder ein Zahnarzt ist!“
„Ist er ja gar nicht“, antwortet Jim.
„Was ist er dann?“
„Ooch, der arbeitet bei einem Leichenbestatter“, sagt Jim.

„Wo wart ihr in den Ferien?“
„In Südtirol, ganz hinten beim allerhöchsten Bergbauern.“
„Und wie war’s?“
„Da war’s so steil, daß die Hühner Steigeisen hatten, und wenn der Bauer Mist auf die Wiese tat, dann mußte er ihn erst im Mund weichkauen, damit er kleben blieb!“

♣

In einem Schweizer Uhrladen:
„Sie, die Uhr, die Sie mir vor vier Wochen verkauft haben, die geht schon nicht mehr!“
„So? Die geht nicht mehr. Dann seien Sie doch froh, dann nützt sie sich nicht so rasch ab!“

♣

England ist ein tolles Land, hat einer gesagt. Man sollte nur ein großes Zeltdach drüberspannen.

♣

Sie sind in Paris und stehen im Louvre vor der Mona Lisa. „Echt toll“, flüstert Katrin andächtig. „Die sieht genau aus wie auf den Fotos!“

♣

In Rußland, als Stalin noch regierte, wird ein Preisausschreiben für Bildhauer veranstaltet. Sie wollen für den geliebten Dichter Puschkin ein Denkmal setzen.
Den dritten Preis bekommt der Vorschlag: Puschkin, stehend zu den Sternen aufblickend.
Der zweite Preis wird dem Vorschlag zugesprochen: Puschkin, im Kreise seiner Freunde.
Mit dem ersten Preis aber wird der geniale Einfall ausgezeichnet: Genosse Stalin, ein Buch von Puschkin lesend.

♣

Der Soldat Bluntschli bekommt einen Auftrag. Er soll erkunden, ob die Brücke da vorne passierbar ist
a) für Infanterie und b) für Panzer.
Nach einer Stunde kommt Bluntschli zurück und meldet: „Die Brücke ist passierbar für Panzer, aber nicht für Infanterie!"
„Das gibt es doch nicht", sagt der Kommandeur. „Wenn die Brücke für Panzer passierbar ist, dann ist sie es erst recht für Infanterie!"
„Eben nicht", sagt Bluntschli. „Da steht nämlich ein böser Hund davor!"

♣

Einer soll das Zifferblatt der Berner Rathausuhr streichen. Nach einiger Zeit kommt er ganz entnervt herunter und sagt:
„Nein, das halte ich nicht mehr aus. Dieser verflixte Zeiger schlägt mir dauernd den Pinsel aus der Hand!“

♣

Seine Lordschaft ist verewigt. Tot, mausetot.
Am Grab legt der Butler James einen Kranz nieder. Und auf der Schleife steht:
„Das Feuer ist gelöscht. Die Türen sind alle abgesperrt. Alle Mausefallen sind aufgestellt. Die Fenster geschlossen. Das Haus ist sicher. Gute Nacht, Sir John.“

♣

Frau Häberlein macht Ferien in Rimini. Und auf einmal ist ihr das Geld ausgegangen.
Deshalb geht sie zur Bank und legt einen Scheck hin.
„Signora, können Sie sich auch ausweisen, daß Sie Signora Häberlein sind?“ sagt das Fräulein am Schalter.
Da kramt Frau Häberlein einen Spiegel aus der Handtasche, sieht hinein und sagt:
„Ja, doch. Ich bin es.“

♣

Wie ist der Kupferdraht entstanden?
Zwei Schotten haben gleichzeitig einen Kupferpfennig gefunden.

♣

„Darf ich Ihnen ein Gläschen Wein anbieten?“ wird der Herr Hofrat in Wien gefragt.
„Bitte“, sagt der Herr Hofrat. „Also erstens ist heute Fasttag. Da trink ich keinen Wein. Zweitens hab ich ein Gelübde getan, daß i überhaupt keinen Wein mehr trink. Und drittens hab ich heut schon einmal ein Glaserl getrunken, irgendwo. Aber viertens, na ja, noch ein Glaserl könnt vielleicht gar nicht schaden. Also, bitte, ja.“

♣

Sir John steckt eine brennende Zigarette in den Mund.
Weil Seine Lordschaft momentan etwas abwesend war, steckt er sie verkehrt in den Mund.
Ein tierischer Schrei. Indianertanz und große Aufregung.
Dann wieder die gewohnte Gelassenheit. Und Lady Winterbotten stellt abschließend fest:
„Dabei hat Seine Lordschaft noch Glück gehabt, daß es seinen Irrtum so rasch bemerkt hat!“

Wie kann man ein österreichisches U-Boot versenken?
Man schwimmt von unten hin und klopft an.
Dann macht bestimmt einer auf um zu schauen, ob ein Deutscher draußen ist, der ihn ärgern möchte.

♣

„Jetzt wissen wir, warum die Engländer so fanatische Teetrinker sind.“
„Und warum?“
„Hast du schon einmal in England einen Kaffee probiert?“

♣

Warum sind die Schotten so mutige Männer?
Weil ihnen das Herz nicht in die Hose fallen kann . . .

♣

Warum gibt es in der Schweiz so viele Häuser aus Holz?
Weil sie die Steine alle für ihre Berge gebraucht haben.

♣

Warum hat der Stephansdom in Wien farbige Ziegel?
Damit es nicht hineinregnen kann.

♣

Iren sollen noch sparsamer sein als Schotten, heißt es. Jedenfalls hat sich Mac-Joyce einen Anzug mit zwanzig Taschen machen lassen.
„Was soll das?“ fragt der Schneider.
„Wegen der Reinigung“, sagt Mac-Joyce. „Da stecke ich immer in jede Tasche ein Paar Socken!“

♣

Und ein Schotte kam in eine Apotheke und verlangte: „Bitte, geben Sie mir Arsen für fünf Pennys!“
„Tut mir leid“, sagt der Apotheker. „Die geringste Menge Gift, die wir abgeben, kostet zehn Shilling!“
„Das ist ja Wucher!“ sagt der Schotte. „Also gut, unter diesen Umständen bleibe ich am Leben!“

♣

Aber jetzt garantiert der letzte Schottenwitz:
„Papa“, sagt der Junge zu einem Schotten. „Meine Stiefel sind schon wieder durchgetreten!“
„Und wie oft muß ich dir noch sagen“, schimpft der Schotte, „daß du größere Schritte machen sollst!“

♣

6. Kapitel

Blechsalat garantiert bleifrei und mit Kat

Schmalstich kommt mit seinem Wagen vor dem Supermarkt angefahren.
Sogleich kommen ein paar Steppkes angepest, begutachten den Wagen und machen unter sich blöde Bemerkungen.
Herrn Schmalstich stinkt das.
„Sagt einmal“, meint er. „Ist das das erste Auto, das ihr seht?“
„Nö“, sagen die Steppkes. „Aber so ähnlich muß es ausjesehen haben, das erste Auto!“

♣

Hauptreisezeit und Stoßbetrieb an der Tankstelle vor der Grenze.
„Bitte sehen Sie auch meine Reifen nach!“ sagt der Fahrer.
„Eins, zwei, drei, vier. Sie sind alle dran, sie können fahren“, sagt der Tanki.

♣

Was versteht man unter Hauptverkehrszeit?
Antwort: Das ist die Zeit, wo der Verkehr zum Stehen kommt.

♣

Kommt einer in die Werkstatt.
„Schauen Sie mal schnell meine Bremsen an!“
„Geht jetzt nicht“, sagt der Mechaniker.
„Wieso?“
„Hab Pause!“
„Und ich hab’s verdammt eilig!“
„Wenn Sie es so verdammt eilig haben, wieso brauchen Sie dann Bremsen?“

„Susi! Du sollst die Leute auf der Straße nicht mit Dreck bespritzen!"
„Muß ich warten, bis ich ein Auto habe, Papa?"

♣

Achtung Kalauer!
„Schade, jetzt bekomm ich kein Auto mit Automatik!"
„Warum nicht?"
„Weil heuer ein Schaltjahr ist!"

♣

Zwei Autos knallen aufeinander. Brüllt der eine Fahrer: „Mensch! Mann! Sind Sie blind?"
Sagt der andere: „Wieso? Ich hab Sie doch genau getroffen!"

♣

Wie entsteht ein luftleerer Raum?
Antwort: Wenn man mit dem Fahrrad über einen Nagel fährt.

♣

Sie sind in der Stadt gewesen und haben einen neuen Scheibenwischer gekauft.
Die kleine Nina durfte mit.
„Papi hat sich heute einen neuen Halter für die Strafzettel gekauft“, erzählte sie später jedem, der es wissen wollte.

♣

Herr Stopka, der Mann mit dem großen Durchblick, kommt an eine Tankstelle.
„Sie sind der letzte, der den alten Preis bekommt“, verriet der Tankwart.
„Dann machen Sie mal den Tank schön voll“, sagte Herr Stopka. „Und hinten sind zwei Kanister, die machen Sie auch voll!“
Beim Zahlen dann fragte Stopka: „Und wie ist der neue Preis?“
„Der“, sagte der Tankwart, „der ist um fünf Pfennig billiger pro Liter.“

♣

Zu dritt sitzen sie auf einem Moped und fetzen durch die Bahnhofstraße.
Ein Polizeiauto überholt sie und bringt sie zum Halten.
„Wohl noch nie was von Geschwindigkeitsbeschränkung gehört? Was?“ sagt der Polizist. „Hier sind höchstens dreißig Kilometer erlaubt!“
„Ja, schon. Aber wir haben geglaubt, das wäre pro Person.“

♣

Annettchen steht mit ihrem Wagen an der Kreuzung und träumt von was weiß ich.
Weil nichts weitergeht, kommt ein Polizist und sagt: „Bei welcher Farbe möchten Sie gerne losfahren, Fräulein. Wir haben nämlich leider nur drei!“

„Jetzt habe ich mein Moped schon zwei Jahre, und noch nie einen Pfennig für Reparaturen bezahlt“, sagt Uli. Swen nickt. „Stimmt“, sagt er. „Dein Mechaniker hat’s mir auch erzählt.“

♣

Frau Leberkes macht den Fahrkurs. Nach der hundertzwanzigsten Stunde fragt sie den Fahrlehrer:
„Wieviel brauche ich noch, bis ich echt fahren kann?“
„Bestimmt noch drei“, sagt der Fahrlehrer.
„Drei Stunden nur noch?“
„Drei Autos!“

♣

Beim TÜV fragt der Prüfer unseren Karli: „Ist dein Auto schon mal überholt worden?“
„Einmal?“ antwortet Karli. „Schon oft. Sogar von Fußgängern schon!“

♣

„Mami, was macht man mit Autos, wenn sie alt und kaputt sind?"
„Dann kommt ein Händler und verkauft sie deinem Papi als einmalige Gelegenheit."

♣

„Gestern hab ich bei Auto-Meier einen ganz tollen Wagen im Schaufenster gesehen. Ich war so begeistert, daß ich ihn gleich gekauft habe."
„Und wo ist der Wagen jetzt?"
„Ich hab ihn im Schaufenster stehenlassen. So einen günstigen Parkplatz krieg ich nie wieder!"

♣

„Halt!" sagt der Polizist. „Sie sind zu schnell durch die Bahnhofstraße gefahren!"
„Unmöglich", sagt Herr Kammermeier. „Ich hatte höchstens vierzig drauf. Nein, es waren dreißig oder fünfundzwanzig. Ach was, viel weniger. Wenn ich genau überlege . . ."
„Ist gut. Strengen Sie sich nicht mehr an", sagt der Polizist. „Ich schreibe Sie wegen Falschparkens auf. O. k.?"

♣

Herr Kriechbaum ist stockbesoffen und fummelt mit dem Autoschlüssel an seinem Wagen rum, um hineinzukommen.
Ein Polizist, der ihn einige Zeit beobachtet hatte, geht hin und sagt:
„Hören Sie! Wenn man getrunken hat, dann nichts wie: Hände weg vom Steuer!"
„A . . . aber Herr Wachtmeister. S . . . sind Sie wahnsinnig!" sagt Kriechbaum. „So besoffen wie ich bin. Da kann ich doch nicht auch noch freihändig fahren!"

♣

Johannes fährt Papas Auto ein bißchen spazieren. Und schon hält ihn ein Polizist auf:
„Freundchen, kann ich mal deinen Führerschein sehen!"
„Blöde Frage", meint Johannes. „Den bekommt man doch erst mit achtzehn!"

♣

„Haben Sie rotes Benzin?" fragt Frau Leberkes den Tankwart.
„Was soll denn das?" fragt erstaunt der Tankwart.
„Ja, für mein Rücklicht nämlich. Das brennt nicht mehr", sagt Frau Leberkes.

♣

Susi, das Autogenie, läßt ihren Freund antanzen. Er muß ihren Wagen anschauen, der schon wieder einmal nicht mag.
„Ich kann mir nicht denken, was es diesmal ist", sagt Susi. „Also, die Kerzen sind's bestimmt nicht."
„Und wieso willst du das so genau wissen, du Schlaubergerchen?"
„Weil ich sie gestern alle herausgenommen hab, du Dummerchen!"

♣

„Haste gehört, Alex hat sich einen Gebrauchtwagen gekauft."
„Welche Farbe?"
„Zweifarbig. Weiß und Rost."

Karlchen Großkotz kommt mit einem superaffengeilen Riesenschlitten an der Tankstelle vorgefahren.
„Super", sagt er zum Tankwart, und: „Mach den Eimer voll!"
Und weil er es so eilig hat, läßt er den Motor laufen, daß der Auspuff nur so qualmt.
Nach einer Weile sagt der Tankwart:
„Ach, könnten Sie für ein paar Minuten den Motor abstellen. Ich komm nämlich mit dem Einfüllen nicht mehr nach!"

♣

„Meine Mami muß Strafe zahlen, weil sie bei Grün über eine Ampel gefahren ist!"
„Aber, das ist doch nicht verboten."
„Schon möglich. Aber die Ampel allein hat schon tausend Mark gekostet!"

♣

„Wie heißen Sie?" fragt der Polizist und zieht seinen Block heraus.
„Ichtymondios-Anarchisthenes."
„Und wie schreibt man das?"
„In der Mitte mit einem Bindestrich."

♣

Ein Herr kommt stockbesoffen aus dem Bahnhof. Er sieht ein Taxi stehen, läßt sich hineinfallen und lallt: „Zum Bahnhof, bitte!"
Sagt der Taxifahrer: „Wir sind schon am Bahnhof!"
„Dann ist es gut", sagt der Herr, zieht einen Zwanzigmarkschein hervor, gibt ihn dem Taxifahrer und sagt:
„Aber das nächstemal fahren Sie nicht mehr so schnell! Klar!"

♣

„Mann, wie siehst du aus!" sagt Uli zu Karli.
„Ja, weißt du, vor vier Wochen habe ich einen Mopedunfall gehabt."
„Aber hör mal, ich habe dich noch vorgestern ganz gesund herumlaufen sehen!"
„Ja, aber gestern hab ich den getroffen, mit dem ich den Unfall hatte!"

♣

Hilflos stand Frau Schmalstich auf der Autobahn. Links und rechts an ihr zischten die Wagen vorbei. Kam ein Polizeiauto:
„He! Wollen Sie sich umbringen!“ rief ein Polizist. „Fahren Sie hier weg!“
„Herr Wachtmeister“, sagte Frau Schmalstich, als der Beamte ausgestiegen war. „Ich habe eine Reifenpanne. Bring aber den Ersatzreifen nicht rauf.“
„Moment“, sagte der Beamte. „Ich mach das für Sie!“
„Das ist aber nett von Ihnen“, meinte Frau Schmalstich. „Seien Sie aber, bitte, recht leise. Auf dem Rücksitz schläft nämlich mein Mann!“

♣

„Schmier dir Öl ins Gesicht“, sagt der Meister zum Lehrling. „Damit der Kunde auch glaubt, daß wir den Ölwechsel gemacht haben!“

♣

„Du, Christian“, sagt der Vater zu seinem Sohn. „Fahr vorsichtshalber deinen Kleinwagen in die Garage. Morgen ist Sperrmüllabfuhr, damit da nichts verwechselt wird.“

♣

Frau Leberkes kommt mit ihrem Wagen in die Werkstatt.
„Ich bin gegen einen Baum gefahren“, sagt sie.
Der Meister betrachtet den Wagen und fragt dann:
„Wie oft?“

♣

„Merkt man, daß ich mein Auto gebraucht gekauft habe?“
„Überhaupt nicht. Das sieht aus wie selbstgebastelt!“

♣

Warum ist im Auto
innen ein Spiegel?
Antwort: Damit der Fahrer
kontrollieren kann, ob er
auch wirklich im Auto ist.

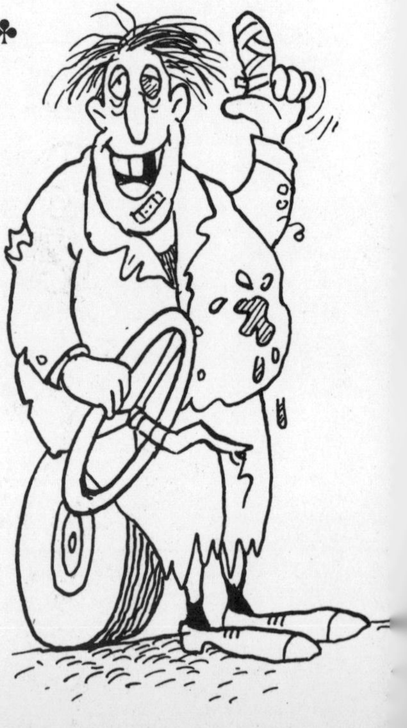

Dem Robert haben sie das Fahrrad geklaut. Er geht zur Polizei und macht Anzeige.
„Dir haben sie also das Fahrrad geklaut“, sagt der Polizist.
„Ja.“
„Wie sah es aus?“
„Neu gerade nicht.“
„Klingel?“
„Nein.“
„Beleuchtung?“
„Fehlt.“
„Bremsen?“
„Funktionieren nicht.“
„Dann ist alles klar“, sagt der Polizist. „Das kostet vierzig Mark Strafe.“

„Du willst doch nicht behaupten, daß das, was du da fährst, ein Auto ist!" sagt der Polizist.
„Behaupte ich auch nicht", antwortet Klaus. „Sonst hätte ich schon längst den Führerschein gemacht."

♣

Das letzte Wort aus Herrn Schmalstichs Mund:
„Schau, ob von rechts ein Auto kommt!"
Und das letzte Wort von Frau Schmalstich:
„Nein . . . Nur ein Tankwagen."

♣

Randomir kommt mit seinem alten Auto zur Tankstelle.
„Bitte waschen!" sagt er.
„Und bügeln auch?" fragt der Lehrling.

♣

„Was schenkst du deinem Bruder zum Geburtstag?"
„Ein Sammelalbum für Strafzettel."

♣

„Findest du auch, Frankie hat einen ausgesprochenen Autoverstand."
„Ja, aber irgendwo ist eine Schraube locker."

Der Fahrprüfer will witzig sein.
„Was machen Sie", sagt er zu Tobias, „wenn Sie einen Kilometer gefahren sind, und dann erst merken, daß Sie keinen Zündschlüssel dabei haben?"
„Dann steige ich aus", sagt Tobias, „und schau nach, welcher Idiot mich die ganze Zeit geschoben hat."

„Unser Mamilein hat mit einem einzigen Fußtritt eine alte Pappel umgelegt!“
„Das ist doch nicht möglich!“
„Doch, mit einem Fußtritt auf das Gaspedal!“

♣

Josefinchen hat endlich den Führerschein!
Voller Begeisterung fährt sie mal kräftig über Land. Bei Mitterbach sieht sie einige Telegrafenarbeiter hoch auf den Masten.
Da ist sie ein wenig sauer.
„So schlecht fahre ich nun auch wieder nicht“, meint sie.

♣

Die Döskópps brausen durch die Gegend. Und irgendwo mußte es passieren. Sie werden von einer Polizeistreife gestoppt.
Die Latte ist lang:
„Sie sind zu schnell gefahren. 120 in geschlossener Ortschaft“, sagt der Polizist zum alten Dösköpp. „Sie haben sich um kein Verkehrszeichen gekümmert, um kein Stoppschild, jetzt fahren Sie die falsche Richtung durch eine Einbahnstraße...“
Da mischt sich Mami Dösköpp ein:
„Ach, Herr Wachtmeister. Das dürfen Sie ihm nicht übelnehmen. So besoffen, wie der heute ist...!“

7. Kapitel

Einsteigen und ab in die Ferien

Der TEE jagt zweimal am Tag durchs Dorf. Mit Höchstgeschwindigkeit, versteht sich.
Und zweimal täglich jagt Leos Fiffi hinter ihm her.
„Gibt der nicht mal auf?“ fragt einer den Leo.
„Nie!“ sagt Leo. „Ich frage mich nur, was er mit dem Ding macht, wenn er es einmal erwischt!“

♣

„Unglaublich, wie lang dieser Tunnel ist. Das hört ja nicht mehr auf!“ sagt Rudi.
„Das kommt davon“, antwortet der Graf Bobby, „weil wir im letzten Waggon sitzen!“

♣

Sie fahren nach Buxtehude. Mami hat größte Mühe, ihre Bande in Schach zu halten.
Und immer wieder fragt sie einen dicken Herrn, der auch im Abteil sitzt: „Wann sind wir in Buxtehude?“
Nach dem zweiundzwanzigsten Mal sagt der dicke Herr: „Da brauchen Sie nicht mehr zu fragen. Das merken Sie rechtzeitig am Aufatmen der anderen Fahrgäste.“

♣

„Mieser Schuppen, dieses Restaurant“, schimpft der Vater. „Die Schnitzel klein, die Pommes zu wenig, die Kellner langsam...“

„Ja“, ergänzt der kleine Sohn, „und wenn wir nicht so schnell gewesen wären, hätten wir alles auch noch bezahlen müssen, gell, Papa!“

♣

„Und bitte, geben Sie acht auf den Abgrund“, sagt der Reiseleiter. „Hinter mir ist kein Geläääääää...“

♣

Radwanderung im Gebirge. Sie sausen den Hochpaß hinunter, daß die Reifen quietschen.

„Mir wird ganz schwindlig!“ ruft Benni.

„Mach's wie ich“, brüllt Uli. „Schließ die Augen!“

♣

„Herr Ober, haben Sie Froschschenkel?“

„Selbstverständlich, mein Herr!“

„Das ist gut. Dann hüpfen Sie doch mal schnell an die Theke und holen Sie mir ein kleines Bier.“

♣

Es geschah an einer Berliner Bulettenbude.
„Eine Bulette und ein Brötchen“, sagt der Kunde.
Der Frittenfritze legt eine Bulette hin.
„Und ein Brötchen, habe ich gesagt“, meckert der Kunde.
„Das Brötchen“, sagt Fritze, „ist schon in der Bulette drin!“
„Dann geben Sie mir noch ein zweites Brötchen“, sagt der Kunde.
„Das zweite Brötchen, das is auch schon drin!“

♣

„Herr Ober, die Suppe ist ja eiskalt!“
„Da kann ich nichts dafür. Sie haben die Speisekarte von gestern erwischt!“

♣

Schloßbesichtigung. In einer Vitrine liegen zwei Totenschädel. Grausig das Ganze.
„Der rechte, der große Schädel, ist das Haupt von König Arthur dem Guten“, erklärt der Aufseher.
„Und der andere, der kleine?“
„Der ist auch von unserem König Arthur dem Guten, als er noch ein Kind war.“

♣

Matthias ist der Meinung, daß sein Papa auch mal auf einen Berg sollte. Und darum bringt er ihn mit viel Mühe und guten Worten auf den Herzogstand. Oben japst, schwitzt und stöhnt der Papa.
Um ihn aufzumuntern, sagt Matthias: „Schau, Papi, wie schön es da unten ist!"
Schimpft Papa: „Dich soll der Blitz treffen! Was schleppst du mich da herauf, daß ich sehen soll, wie schön es da unten ist?"

♣

Der Graf Bobby aus Wien ist auf dem Rennplatz.
„Du, Bobby!" sagt da der Rudi zu ihm. „Schau, dort drüben ist einer, der ist mit uns in die Grundschule gegangen."
„Wo?"
„Dort! Der mit dem schwarzen Vollbart!"
„Aber geh", sagt Bobby, „in unserer Klasse haben wir doch keinen mit einem Vollbart gehabt!"

♣

„Herr Ober, ich warte schon seit zwei Stunden! Haben Sie mich vergessen?"
„Aber nein, Sie sind der gehackte Kalbskopf!"

♣

Familie Schmalstich fährt in Erholungsurlaub.
Sie sitzen im TEE und die Bande randaliert, daß sich die Fenster nach außen biegen.
Da regt sich so ein Nerven-Softie auf: „Wenn jetzt nicht gleich Ruhe ist“, sagt er zu Papa Schmalstich, „dann kriegen Sie ernsthaft Ärger durch mich!“
„Jetzt hören Sie mal zu“, sagt Papa Schmalstich. „Meine Frau hat das Gepäck am Bahnsteig vergessen, unser Klausi hat soeben die Fahrscheine zerrissen, mir wurde im Wartesaal die Brieftasche geklaut, Sieglinde hat die Pässe zum Fenster hinausfallen lassen, und außerdem sitzen wir im falschen Zug. Und jetzt kommen Sie und glauben, Sie könnten mir noch Ärger machen!“

♣

Empört ruft der Gast: „Herr Ober, mein Schnitzel ist hart!“
„Mein Herr“, antwortet der Ober versonnen. „Das ganze Leben ist hart!“

♣

„Darf man in Ihrem Lokal sitzenbleiben, solange man etwas verzehrt?“ fragt der Penner Schlaffi.
„Ja, warum nicht“, sagt der Ober.
„Gut“, meinte Schlaffi. „Dann bringen Sie mir bitte einen Kaugummi!“

♣

„Herr Ober, in meinem Lammragout schwimmt ein Hörgerät!“ ruft der Gast.
„Ich kann Sie leider nicht verstehen“, antwortet der Ober.

♣

„Papi!“ ruft Bibi, der Bastler. „Deine Uhr ist wirklich wasserdicht! Ich hab sie heute morgen mit Wasser gefüllt. Und bis jetzt ist noch nicht ein Tropfen herausgekommen!“

♣

In Köln: Tünnes und Schäl treffen sich, Schäl erzählt: „Ich hab eine prima Gelegenheitsarbeit! Der Zirkus hat mich einen ganzen Monat angestellt!“
„Als wat denn?“ fragt Tünnes.
„Als Zwerg.“
„Jeck! Du bei deiner Länge!“
„Dat is ja die Sensation: Der größte Zwerg Europas!“

♣

Berlin am Bahnhof Zoo.
Fragt ein eiliger Reisender einen herumstehenden Berliner:
„Sie, wo läßt man sich am besten rasieren?“
„Am besten im Jesicht“, sagt der Berliner.

♣

„Unser Klein Erna geht jetzt in die höhere Schule“, sagt die Mama. „Was die da alles lernt! Englisch, Französisch...“
Da kommt Klein Erna selbst vorbei. Und die Mama ruft:
„Ach Erna, sag Tante mal guten Tag auf Algebra!“

♣

„Schade, daß wir nicht schon früher in Ihrem Lokal waren!"
„So, hat es Ihnen bei uns geschmeckt?"
„Nein. Dann wären wir heute nicht hier!"

Im Strandhotel Meeresblick:
Ober: „Wie hat Ihnen die Suppe geschmeckt?"
„Wenn das Suppe war", antwortet Simon, „dann sind wir zwei Wochen lang auf Suppe gesegelt!"

„Dieser Tisch ist reserviert“, sagt der Ober.
„Gut, dann stellen Sie ihn weg und bringen einen anderen!“

♣

„Herr Ober, dieses Grillhähnchen besteht nur aus Haut und Knochen.“
„Verzeihung, wenn Sie darauf Wert legen, werden selbstverständlich die Federn sofort nachgeliefert!“

♣

„Die Zimmer in Ihrem Hotel sind aber sehr niedrig!“
„Das kommt davon, weil unsere Teppiche so dick sind“, sagt der Hotelmanager.

♣

„Wie war's im Urlaub?“
„Zehn Liter Sonnenöl haben wir verschmiert!“
„So heiß?“
„Nein, daß der Regen besser ablief!“

♣

„Herr Ober! Sollen wir hier sitzen, bis wir verhungert sind?“
„Das geht leider nicht. Wir schließen um zehn Uhr.“

Sie betrachten den Sternenhimmel.
„Das dort ist der Große Wagen“, erklärt Vati.
„Und wieviel PS hat der?“ fragt der kleine Uli mit der großen Klappe.

♣

„Herr Ober, bitte einen Zahnstocher!“
„Tut mir leid“, sagt der Ober, „die sind zur Zeit alle besetzt!“

♣

Beate ist sehr traurig.
„Mein Strolchi ist entlaufen“, klagt sie.
„Gib doch eine Anzeige in die Zeitung“, rät man ihr.
„Nützt doch nichts. Mein Strolchi kann ja nicht lesen“, sagt sie.

♣

„Sie angeln hier! Das kostet zwanzig Mark Strafe!“
„Ich angle ja gar nicht, Herr Wachtmeister. Ich bade ja nur meine Würmer.“
„Dann kostet es vierzig Mark. Baden ist hier erst recht verboten!“

♣

„In deiner Hosentasche habe ich einen lebenden Frosch gefunden!“ sagt Mutti entsetzt.
„Sag bloß, die Würmer, die Schnecken und die weiße Maus waren nicht mehr drin!“ ruft Berndi.

♣

Mitten im Frankenwald ist ein einsamer See. Am Ufer sitzt Herr Randomir und angelt.
Da kommt ein Polizist und sagt: „Das kostet zehn Mark. An diesem See ist Angelverbot.“
Herr Randomir zieht seine Geldbörse heraus und reicht dem Polizisten einen Zwanzigmarkschein hin. Kleiner hat er’s nicht.
„Das ist jetzt dumm“, sagt der Polizist. „Ich kann nicht herausgeben. Und wo kann man schon im einsamen Frankenwald wechseln lassen!“
Herr Randomir weiß es auch nicht.
Da hat der Polizist eine Idee: „Jetzt ziehen Sie sich nackt aus und springen ins Wasser“, sagt er zu Herrn Randomir. „Das kostet auch zehn Mark, und wir sind quitt!“

♣

In der Sauna gibt der Bademeister dem Kunden einen kräftigen Klaps auf den Po.
„Ja sagen Sie mal“, beschwert sich der. „Gehört das zum Service?“
„Das nicht. Aber die Glocke ist kaputt. Da weiß dann mein Kollege, daß er die nächsten reinlassen kann.“

♣

Ein Weinbauer beim Doktor.
„Und wie hat die Medizin gewirkt?“ fragt der.
„Großartig, großartig“, sagt der Winzer. „Mei Huschte is weg, de Kinder ihre Ausschlag, dem Opa sei Forunkel, und mit dem Rescht hat mei Frau den Keller putzt.“

♣

In Sachsen meint einer: „Ich weeß nich, was de Leute immer mit dem Karl May ham. Nu hab ich schon hundert Seiten gelesen, und es wird nicht spannend!“
„Was lieste denn vom Karl May?“
„Das Kapital.“
„Aber das ist doch vom Karl Marx!“
„Ach so, drum kommen da so wenich Indianer vor!“

♣

„Im Urlaub sind wir an einem Tag dreißig Kilometer gewandert!"
„Und ich soll dir das glauben?!"
„Frag doch den Lukas, der war dabei!"
„Ach so, zu zweit!"

„Ist wenigstens die Bettwäsche sauber?" fragte der Feriengast, nachdem ihn schon sonst das Hotel nicht gerade begeistert hatte.
„Aber selbstverständlich", sagte der Portier. „Ihre Vorgänger haben jeden Tag im See gebadet!"

♣

„Wenn man hier in Kaufbeuren ein Loch in die Erde bohrt, bis zum Mittelpunkt und unten wieder raus", fragt der Lehrer, „wo meint ihr, kommt man dann raus?"
„Also", sagen sie, „wenn man bis ganz nach unten bohrt, dann kann's schon sein, daß man in Memmingen wieder rauskommt."

♣

„Aber Schäl! Warum trinkste denn so viel!"
„Ich muß vergesse!"
„Wat mußte vergesse?"
„Dat hab ich längst vergesse!"

♣

Einer kommt atemlos zum Bahnhof. Und in diesem Moment fährt der Zug zur Halle raus!
„Haben Sie den Zug verpaßt?" fragt da eine alte Dame.
„No na", sagt er. „Ich wollte ihn nur aus der Halle scheuchen!"

♣

„Können se Esperanto?"
„Aber klar, wie ein Eingeborener!"

♣

„Ihr Sohn hat einen Stein nach mir geworfen!"
„So was tut mein Sohn niemals!"
„Er hat es aber getan!"
„Und? Hat er Sie getroffen?"
„Nein."
„Dann war es nicht mein Sohn!"

Sie kommen in den Wald.
„Schau, da ist ein Ameisenhaufen!" sagt Vati.
„Toll", meint Uli. „Wie kann so ein kleines Tier so einen großen Haufen machen!"

♣

Herr Kleinlein irrt durchs Hochhaus-Hotel.
Ein Flur ist wie der andere.
Da, endlich kommt ein Etagenkellner.
„Verzeihen Sie“, fragt Herr Kleinlein. „Wo ist hier der dritte Gang links?“

♣

Sie fahren in die Ferien. Im Zug hat Karlo brav eine Tüte Kirschen ausgegessen.
„Und du hast die Kerne hoffentlich nicht aus dem Fenster gespuckt?“ fragt Mutti.
„Natürlich nicht“, sagt Karlo. „Ich habe sie alle dem Herrn, der soeben ausgestiegen ist, in die Tasche gesteckt.“

„Glauben Sie, daß man sich bei Ihren Frikadellen nicht eine Magenvergiftung zuzieht, wie die riechen?“ sagt der Gast.
„Also, hören Sie mal“, antwortet der Wirt. „Für die lausigen fünf Mark können Sie von mir zwar ein Essen erwarten, aber nicht eine ärztliche Beratung! Klar?“

♣

Aufschrift an der großen Hoteluhr im Speisesaal: „Nur für Hotelgäste!“

♣

„Was soll das!“ beschwert sich Vati beim Hotelportier. „Da stehen zehn Mark für einen Fernseher auf der Rechnung. Wir hatten gar keinen Fernseher!“
„Das schon“, sagt der Portier. „Das ist, weil wir uns einmal einen Fernseher anschaffen möchten!“

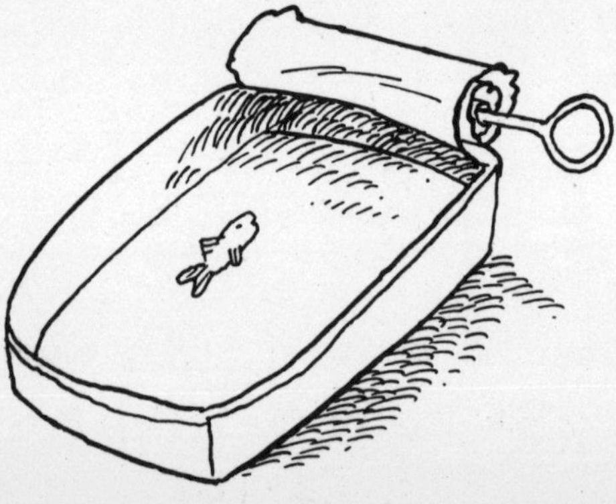

„Mannomann, müßt ihr im Urlaub aber gefressen haben!"
„Wieso?"
„Weil du so dicke Backen hast!"
„Das kommt daher, weil ich denen allen immer die Luftmatratzen aufpusten mußte!"

♣

Auf der Fahrt nach Hamburg muß Uli Mömmelmann mal aufs Klo.
Als er fertig ist, findet er sein Abteil nicht mehr. Darum fragt er den Schaffner, was er machen soll.
„Ja, kannst du dich denn an gar keine Einzelheit mehr erinnern?"
„Doch, einmal haben Kühe vor dem Fenster geweidet."

♣

„Warum hast du deinen Lehrer nicht gegrüßt?"
„Wieso? Jetzt in den Ferien?"

♣

Sie müssen zum Zug. Und wie immer rennen sie wie die Weltmeister.
Und trotzdem ruft Vati: „Los, beeilt euch!"
Da japst Uschi: „Vati! Können wir uns nicht etwas langsamer beeilen?"

„Herr Ober, hier fehlen ja sämtliche Stühle!"
„Aber Sie haben ja nur einen Tisch bestellt!"

♣

„Das Essen hier war miserabel. In der Suppe und im Braten war so gut wie kein Salz!"
„Das ist kein Problem", sagt der Ober. „Das fehlende Salz wird selbstverständlich sofort nachgeliefert!"

♣

„Ich möchte morgen um acht mit einem Küßchen geweckt werden", sagt der smarte Hotelgast zum Zimmermädchen.
„Aber selbstverständlich, mein Herr", antwortet das Zimmermädchen. „Ich werde es dem Hausdiener ausrichten."

♣

„Der Schweinsbraten ist gestrichen!" sagt der Ober.
„In welcher Farbe?" fragt der Gast.

♣

Und eines Tages hängt eine Tafel im Flur: „Toiletten gesperrt – bitten benützen Sie die Südterrasse."

♣

Schäl muß ins Krankenhaus. Am Empfang wird er gefragt: „Haben Sie Pyjamas?“
„Pyjamas? Enä. Ich glaube nit. Der Doktor hat was von Blinddarmentzündung gesagt.“

♣

„Ich hab nur Schuhgröße 39“, sagt der Sepp.
„Aber stinken tust für Größe 45“, sagt der Franz.

♣

„Wo fährst du hin?“ wird der Graf Bobby gefragt.
„Nach Sicht.“
„Wo ist das?“
„Keine Ahnung. Aber im Radio haben sie gebracht: gutes Osterwetter in Sicht.“

„Wie kommt man nach Kleinhinterhausen?" fragt der Fremde.

„Das ist ganz einfach", antwortet der Einheimische. „Da gehn Sie jetzt zehn Minuten ungefähr auf der Landstraße, bis ein Weg kommt, auf dem steht ‚Verbotener Weg', auf dem gehn Sie so lang, bis Sie an die Stelle kommen, wo sich voriges Jahr der Schuster Kalle das Bein gebrochen hat. Da zweigen Sie rechts ab und sind dann in vier Stunden in Kleinhinterhausen."

♣

„Papi, darf ich mal von deinem Bier trinken?"
„Damit mußt du warten, bis du groß bist!"
„Dann ist das Bier warm geworden!"

♣

„Wie war's im Winterurlaub?"
„So lala."
„Und wo hast du dich herumgetrieben?"
„Eine halbe Stunde auf der Piste und vier Wochen im Kreiskrankenhaus."

♣

Sitzt einer da und angelt in aller Ruhe.
Kommt ein anderer hinzu und fragt: „Beißen sie?“
„Wenn man mich in Ruhe läßt, beiße ich nicht“, sagt der Angler.

♣

„Tom hat sich Wasserski gekauft. Und jetzt kann er nicht fahren.“
„Wieso?“
„Er hat noch keinen abschüssigen See gefunden.“

♣

„Wie war's in den Alpen?“
„Eigentlich ganz schön“, sagt Hein Jensen. „Nur sieht man von der Landschaft nicht viel. Weil überall Berge herumstehen und die Sicht versperren.“

♣

„Sagen Sie mal“, fragen sie den Bauern, „lohnt sich das eigentlich noch mit Ihren Kühen da? Wo es heutzutage doch überall Dosenmilch gibt!“

♣

Studienrat Fliege kommt ins Fotohaus.
„Einen Farbfilm, bitte“, sagt Studienrat Fliege.
„Vierundzwanzig mal sechsunddreißig?“ fragt der Verkäufer.
„Ist achthundertvierundsechzig“, sagt Studienrat Fliege, „aber warum fragen Sie mich das jetzt?“

♣

„Toll, so eine Thermosflasche. Im Winter hält sie den Tee warm, und im Sommer hält sie das Limo kalt!“
„Ja“, sagt Alexander, der immer zu viel denkt, „und daß so eine kleine Thermosflasche weiß, wann Sommer und wann Winter ist!“

Rast einer mit einem Jaguar durch Frankfurt. Natürlich zu schnell.
Ein Polizist stoppt ihn: „Wo soll's hin? So eilig?"
„Zum Goethehaus!"
„Da brauchen Sie sich nicht so zu beeilen. Goethe ist schon vor einiger Zeit gestorben!"

♣

„Sie haben geschrieben: ‚Vor dem Haus ist ein See.' Das ist ein glatter Schwindel!" protestieren die Feriengäste.
„Ach so, den See! Den hatten wir auch. Aber dann hat so ein Trottel Löschpapier hineingeworfen", sagt der Vermieter.

♣

„Wie weit ist es nach Kleinkleckershausen?"
„Zu Fuß dreißig Minuten. Mit dem Bus zweieinhalb Stunden."
„Sie meinen wohl: umgekehrt!"
„Nein, stimmt schon. Der Bus fährt erst in zweieinhalb Stunden!"

♣

WIE KOMM ICH INS NÄCHSTE DORF?
IMMER GERADEAUS UND NACH ZWEI TAGEN LINKS ABBIEGEN!

„Und hier“, sagte der Schloßerklärer, „ist das schauererregende Gemach, in dem einst Hugo der Einäugige seine edle und schöne Gemahlin Euphrosine mit einem Schürhaken durchbohrt und dann verhungern hat lassen. Die Besucher dieses Raumes sind jedesmal so ergriffen, meine Damen und Herren, daß sie mir mindestens eine Mark in die Hand zu drücken pflegen...“

♣

„Herr Ober! In meiner Suppe schwimmt eine Fliege!“
„Aber nicht mehr lange. Von oben läßt sich bereits eine Spinne herab!“

♣

„Herr Ober, spielt die Kurkapelle alles, was sich der Gast wünscht?“
„Selbstverständlich, mein Herr, alles.“
„Gut. Dann sagen Sie den Leuten, sie sollen mal eine Stunde lang Skat spielen!“

♣

„Ich möchte ein Kilo Schweinebauch. Aber bitte ein recht schönes Stück!“ sagt die Kundin.
„Gerne“, antwortet die Metzgersfrau. „Sehn se mal det Stück an. Ein schöneres gibt es jar nich. Det Schwein muß mal jeradezu ein Manneken gewesen sein!“

♣

Urlaub in Moorenden. Es ist zum Auswachsen.
„Sag mal, ist bei euch überhaupt nichts los?“ fragt einer den Wirt.
„Doch, doch“, sagt der. „Warte mal noch vierzehn Tage, dann haben wir eine Mondfinsternis hier!“

♣

„Soll ich dem Schilehrer Praxentaler etwas schenken zum Abschied?“ fragt Luise.
„O ja, gute Idee“, meint der Bruder. „Schenk ihm am besten gleich deine Schier mitsamt den Stöcken!“

♣

Sie übernachten in 2000 Meter Höhe. Durch die Ritzen der Berghütte pfeift der Sturm.
„Hörst du den Föhn?“ flüstert Irmi.
„Quatsch“, sagt der Bruder. „Wer soll sich um diese Zeit hier oben die Haare waschen!“

„Und wie ist bei euch das Klima?“ wird der Fremdenverkehrsfritze gefragt.
„Einfach sensationell!“ tönt er. „Als wir unseren neuen Friedhof endlich einweihen wollten, mußten wir eigens jemanden umbringen!“

♣

Es regnete, was nur so herunterging. Die Halligen meldeten ‚Land unter‘. Und irgendwo in dem ganzen Trubel schwamm eine Mütze hin und her.
„Schau“, sagte Piet zu Hein. „Da schwimmt eine Mütze hin und her!“
„Nein“, sagte Hein. „Da schwimmt keine Mütze hin und her. Das ist der Bauer Steffen. Der mäht seine Wiese bei jedem Wetter.“

„Dies, meine Herrschaften, ist die berühmte Schlucht, in die jedes Jahr zehn bis zwanzig Wanderer stürzen!“ erklärt der Fremdenführer.
„Ja, sagen Sie mal“, fragt einer der Zuhörer. „Wenn die Schlucht schon so gefährlich ist, warum macht man da kein Geländer hin, damit nicht mehr so viele abstürzen?“
„Ja, weil, wenn nicht mehr so viele abstürzen, dann ist sie ja nicht mehr so berühmt, die Schlucht“, meint der Fremdenführer.

♣

Ferien am Meer und es ist saukalt!
„Aber am Wochenende werden wir dreißig Grad haben!“ sagt Karsten.
„Nicht möglich!“
„Doch. Fünfzehn Grad am Samstag und fünfzehn am Sonntag!“

♣

„Und sei sparsam im Urlaub“, mahnt Frau Memmelmann. „Nimm die Brille ab, wenn es nichts Besonderes zu sehen gibt!“

♣

Im Urlaub ist große Erziehung angesagt, und Rudi soll sich endlich anständige Ausdrücke angewöhnen! Das geht dann soweit, daß Rudi eines Tages ruft: „Schau, Mami, da ist ein Mundwurfhügel!“

♣

Oliver kommt mit dem Fahrrad angebraust, bremst, rutscht und landet im Straßengraben.
Dümmlich fragt Frau Weckerl: „Bist hingefallen?“
„Nö“, sagt Oliver. „Ich steig immer so ab.“

♣

„Sind das griechische, holländische oder italienische Tomaten“, fragt die Kundin am Münchner Viktualienmarkt.
„Wieso?“ will die Standlfrau wissen. „Wolln Sie sich unterhalten mit den Tomaten?“

♣

Sitzt ein Kunstmaler am Strand und malt an einem Sonnenuntergang.
Kommt die Familie Schmalstich vorbei.
„Sehr ihr“, meint Papa Schmalstich zu den Seinen. „So muß man sich abplagen, wenn man nichts gelernt hat und sich keinen Fotoapparat kaufen kann!“

„Und was hat der Doktor zu dir gesagt?“ wird der Steften Sepp gefragt.
„O mei“, sagt der Sepp. „‚Ihre Leber ist eine einzige Katastrophe‘, hat der Doktor gesagt. Und daß ich ein halbes Jahr lang nur noch Brei zu mir nehmen darf, hat er auch gesagt.“
Und dann sinniert der Sepp weiter: „Wenn ich jetzt nur wüßt, was in so einem Fall das beste ist: Löwenbrei, Franziskanerbrei oder Hofbrei.“

Der Sommergast geht zum Dorffriseur und läßt sich rasieren.
Der Friseur holt die Seifenschale, spuckt kräftig hinein und beginnt Schaum zu schlagen.
„Ja, hören Sie mal!“ schimpft der Sommergast. „Machen Sie das immer so?“
„Immer nicht“, sagt der Friseur. „Nur bei den Gästen. Den Einheimischen spucke ich gleich ins Gesicht.“

♣

Merke: Konservengerichte sind leichter verdaulich, wenn man vor dem Verzehr die Dose entfernt!

♣

Susi schreibt ihrem Opa.
„Mensch! Warum malst du so riesige Buchstaben!“ mischt sich Karsten ein.
„Ja, weißt du“, sagt Susi. „Unser Opa ist nämlich schwerhörig.“

♣

Müllers haben eine neue Wohnung. Katharinchen Müller ist mächtig stolz darauf und zeigt sie ihren Freunden. Und einen Kamin haben sie auch. Und auf dem Kamin steht eine schöne alte Urne.
„Da ist die Asche von unserem Vati drin“, flüstert Katharinchen.
„Oh“, sagen da die Freunde.
„Ja“, sagt Katharinchen. „Weil Vati immer zu faul ist, den Aschenbecher zu holen.“

♣

Bei einer Party machen sie ein Spiel: Was würdest du tun, wenn du Millionär wärst? ist die Frage.
„Au weija“, sagt Karl-Otto mit der Krawatte. „Da müßte ich mich aber wahnsinnig einschränken!“

♣

„Verdammt noch mal, wissen Sie denn nicht, daß Ihr Hund die ganze Nacht bellt!“ schimpft der Nachbar.
„Da machen Sie sich mal keine Sorgen“, sagt Frau Schmalstich. „Dafür pennt er den ganzen Tag.“

♣

8. Kapitel

Ein paar Stationen mit Ganoven

„Sie wünschen?“ fragt der Waffenhändler.
„Einen Revolver, bitte“, antwortet Gamaschen-Willy.
„Soll es etwas Größeres sein, oder ein kleiner?“
„Na ja, so ungefähr für fünf Personen“, meint Willy.

♣

„Was hat der Angeklagte gesagt, nachdem Sie ihn mit Ihrem Fahrrad umgefahren hatten?“ fragt der Richter.
„Also, Herr Vorsitzender. Ausdrücke waren das. Nein, die kann ich anständigen Menschen gar nicht wiederholen“, meint der Zeuge.
„Dann kommen Sie her“, antwortet der Richter, „und sagen Sie es mir.“

♣

„Wieviel hat der Bankräuber erbeutet?“ will der Reporter vom Sheriff wissen.
„Zehntausend Dollar“, sagt der Sheriff und denkt eine Weile nach. Dann meint er: „Ach, wissen Sie was, schreiben Sie zwölftausend Dollar. Dann kriegt der Kerl einen Saukrach von seiner Alten.“

♣

Bronzi spaziert friedlich in Chicago herum.
Da begegnet ihm ein alter Herr mit einem langen, weißen Bart und einem roten Mantel.
„Ich bin der liebe Weihnachtsmann“, sagt der alte Herr, „und ich möchte dir diese Geldbombe mit zehntausend Dollar schenken, weil du in der letzten Zeit immer so brav warst.“
– Das ist eine sehr schöne Geschichte. Aber das Dumme daran ist, der Richter hat sie nicht geglaubt.

♣

„Papi“, sagt das Söhnchen vom Gamaschen-Willy.
„Brauch ich jetzt einen Waffenschein, wo ich doch unter die Abc-Schützen gekommen bin?“

„Und warum haben Sie die Brieftasche mit den tausend Dollar nicht sofort zurückgebracht?" will der Kommissar wissen.
„Es hätte sonst ausgesehen", meint Chaoten-Heini bescheiden, „als ob ich mit meiner Ehrlichkeit prahlen wollte."

♣

„Also", sagt der Richter. „Sie sind zwanzigmal mindestens mit demselben Fahrschein gefahren! Was haben Sie sich dabei gedacht?"
„Ich habe mir gedacht, das ist wegen dem Umweltschutz", sagt Schlaffi, der Penner. „Wissen Sie, ich bring es einfach nicht übers Herz, einen fast noch neuen Fahrschein wegzuwerfen. Das ist doch alles verschwendete Energie! Oder nicht?"

♣

„Und warum haben sie dich eingesperrt?"
„Weil mein Handschuh einem Polizisten ins Gesicht geflogen ist."
„Und da waren die gleich so sauer?"
„Ja. Und weil ich vergessen habe, ihn vorher auszuziehen!"

♣

„Und wie haben Sie gemerkt, daß es sich um Diebe gehandelt hat und nicht um Möbelträger?“ fragt der Richter.
„Weil sie so schnell gearbeitet haben“, antwortet die Zeugin.

♣

„Ich habe dem Kneipenwirt nur ein bißchen mit dem Taschentuch ins Gesicht gewedelt“, meint der Chaoten-Heini.
„Ich kenn eure Taschentücher schon“, sagt der Richter. „Ihr schneuzt euch mit der Hand!“

♣

Fuzzi, der Trickreiche, wurde mit drei Autoradios in der Centrum-Tiefgarage erwischt. Jetzt steht er vor dem Richter.
„Das Gericht zahlt Ihnen selbstverständlich einen Verteidiger!“ sagt der Richter.
„Hohes Gericht“, sagt Fuzzi. „Das ist ja wahnsinnig nett von Ihnen. Aber wenn Sie schon Geld ausgeben wollen für mich, dann zahlen Sie mir doch gleich einen Zeugen, der beschwört, daß ich noch nie in meinem Leben in der Centrum-Tiefgarage gewesen bin!“

♣

Bill Clark, der Chef vom Syndikat, steht vor Gericht. Und Nick, dem nicht mehr zu helfen ist, soll für ihn als Zeuge aussagen.

„Wissen Sie", fragt der Richter streng, „wieviel Sie für einen Meineid bekommen können?"

„O ja", antwortet Nick. „Fünfhundert Dollar sind in jedem Fall drin, hat Bill gesagt."

♣

„Hast du jetzt einen Job?" wird der sanfte Henry gefragt.

„Ja. Ich putze dem Billy Clark seine Bomben und Handgranaten."

„Mensch! Aber wenn eines Tages der ganze Scheiß in die Luft fliegt!"

„Ist doch mir egal. Gehört mir ja nicht!"

„Schluß jetzt", sagt der Richter. „Ich verurteile Sie hiermit zu vier Wochen Gefängnis. Oder wären Ihnen zweitausend Mark lieber?"
„Also, wenn Sie mich so fragen", sagt der Angeklagte, „dann nehme ich natürlich die zwei Tausender. Und vielen Dank auch!"

♣

„Warum haben Sie Falschgeld gemacht?" sagt streng der Richter.
„Also, das war so, hoher Herr Gerichtshof! Ich hab ja dauernd versucht, echtes Geld zu machen. Aber es ist mir nicht ums Verrecken gelungen!"

♣

„Gute Nachricht für euch", sagt der Wärter zu seinen Pflegebefohlenen im Knast. „Draußen ist das scheußlichste Wetter, das man sich denken kann!"

♣

„Unser Kleiner ist erst sechs Monate und sitzt schon", sagt Frau Bronzi.
„Erstaunlich. Und was hat er angestellt?" fragt die Frau vom Gamaschen-Willy.

♣

Der Bankräuber schiebt dem Kassierer einen Zettel hin: „Dies ist ein Überfall. Geben Sie alles Geld raus!“ Schiebt ihm der Kassierer einen anderen Zettel hin: „Bringen Sie Ihre Krawatte in Ordnung. Sie werden soeben fotografiert!“

♣

Mit Ganoven-Edi ist es aus. Zwei Stunden noch, dann schickt man ihn ins Jenseits.
Zuvor darf er sich noch etwas wünschen.
Er möchte noch einmal einen ordentlichen, starken Kaffee. „Aber bitte mit Süßstoff“, sagt er. „Zucker ist für mich ungesund.“

Sie haben einen Taschendieb gefaßt.
„Also gut", sagt der Sheriff. „Du zahlst hundert Dollar Strafe, dann kannst du gehen."
„Aber ich hab doch nur fünfzig Dollar", jammert das arme Würstchen.
Da ist guter Rat teuer. Aber plötzlich weiß der Hilfssheriff, wie's weitergeht.
Er nimmt den Sheriff zur Seite und sagt:
„Chef, wir setzen den Kerl einen Tag lang auf freien Fuß. Und dann hat er die hundert Dollar!"

♣

Billys Bar ist pleite.
Der Gerichtsvollzieher kommt, um aufzuschreiben, was noch an brauchbaren Sachen vorhanden ist.
Nach einigen Stunden hat er einen Zettel beisammen, auf dem steht:
eine Theke,
ein Spielautomat,
eine halbe Flasche Cognac,
drei Flaschen Whisky,
drei halbe Flaschen Gin,
ein Tisch, der sich dauernd dreht... der sich dreht...

♣

„Du, das paßt“, flüstert Fuzzi. „Heut nacht können wir ausbrechen!“
„Darf ich nicht!“ flüstert Freddy zurück.
„Was darfst du nicht?“
„Ausbrechen.“
„Und warum nicht?“
„Bin Einbrecher!“

♣

„Wollte Ihr Mann nicht für längere Zeit Urlaub machen?“ wird beim Gemüsehändler Frau Bronzi gefragt.
„Zuerst schon. Aber dann hat sein Anwalt noch mal Bewährung herausgeholt.“

♣

Zwei Knastologen unterhalten sich:
„Welche Nummer hast du?“ fragt der eine.
„67 753 84“, sagt der andere. „Aber meine Freunde dürfen einfach 84 zu mir sagen.“

♣

„Du!“ sagt einer zu seinem Freund. „Da hat dir eben einer dein Auto geklaut!“
„Verdammt! Kannst du den Kerl beschreiben?“
„Das nicht. Aber ich habe die Autonummer!“

♣

„Oma“, sagt der Junge vom Tresor-Jimmy. „Gibst du mir Geld, damit ich mir vorne beim Obsthändler Orangen kaufe?“
„Ach was“, sagt Oma. „Streck ihm die Zunge raus, dann wirft er dir ein paar von den Dingern nach!“

♣

Herr Kleinlein ist ein äußerst kaltblütiger Typ. Ziemlich lange schon wühlt ein Einbrecher in der Wohnung herum. Aber das kann Herrn Kleinlein nicht aus der Ruhe bringen. Er schleicht sich an den Klaubruder heran, drückt ihm einen Pistolenlauf ins Kreuz und sagt zynisch:
„So, mein Lieber. Heb mal schön die Pfötchen und bleib hier so lange stehen, bis ich die Patronen für meine Pistole aus dem Schlafzimmer geholt hab!“

♣

„Also, Mister“, sagt der Verteidiger, „die Gerechtigkeit hat gesiegt. Sie sind freigesprochen. Jetzt können Sie mir sagen, wo haben Sie das Geld von dem Bankraub versteckt?“
„Also, ehrlich, Herr Doktor, ich war es diesmal wirklich nicht“, beteuert Tresor-Jimmy.
„Ja verdammt noch mal“, sagt der Verteidiger. „Sie machen mir Spaß. Und wie wollen Sie dann mein Honorar zahlen?“

♣

Chaoten-Heini sitzt im Knast.
„Was haste gemacht?" wird er gefragt.
„Den Kopf feste geschüttelt."
„Darf man das auch nicht mehr?"
„Es war nicht mein Kopf. Es war der Kopf von einem Polente."

♣

Erster Schultag. Der Junge vom Gamaschen-Willy kommt heim.
„Na, wie war's?" fragt man ihn.
„Beschissen", antwortet der Kleine. „Wenn ich nicht Begnadigung kriege, muß ich glatt die acht Jahre absitzen!"

♣

„Hoher Gerichtshof, ich bin total unschuldig", sagt Bronzi, der Taschendieb.
Der Richter lacht ganz gemein: „Das behaupten hier alle!"
„Sehen Sie", meint Bronzi. „Dann muß es ja wohl stimmen."

♣

„Wie kommen Sie dazu, mitten auf der Straße eine solche Rauferei anzufangen!“ Der Wachtmeister ist sauer.
„Meine finanzielle Lage, Herr Wachtmeister, erlaubte es mir nicht“, sagt Schläger-Ede, „mir zu diesem Zweck eigens ein Lokal zu mieten.“

♣

Tresor-Jimmy flippt aus.
„Da haben wir Idioten acht Wochen unter der Texas-Bank gebohrt und gebuddelt!“
„Und?“
„Und inzwischen ist diese Scheißbank pleite gegangen!“

♣

„Also", sagt der Richter. „Der Zeuge hier hat Sie eindeutig erkannt. Sie sind derjenige, der in sein Schlafzimmer eingestiegen ist."
„Das ist, möchte ich sagen, eine ausgesprochene Lüge", antwortet Freddy, der Trickreiche. „Erstens bin ich nie in dem seinem Schlafzimmer gewesen. Und außerdem konnte er überhaupt nichts sehen. Er hat ja dauernd den Kopf unter der Bettdecke gehabt!"

♣

Wie lautete das letzte Wort von Jimmy, dem Bankräuber?
„Welcher Idiot hat mir eine Geige in den Geigenkasten getan?"

♣

„Sag mal, du hast ja Dynamitstäbe in deiner Jackentasche!" wird Nick gefragt.
„Ja. Das ist wegen Billy Clark, diesem Schwein. Der boxt mich immer in die Seite. Und zwar so, daß jedesmal meine Zigarren hin sind. Das nächste Mal wird der sich aber wundern!" sagt Nick, dem nicht mehr zu helfen ist.

♣

Tommy und Jimmy schnüffeln im Büro vom Billy Clark, dem großen Gangsterboß, herum. Wegen belastender Dokumente und so.
Wie sie gerade beim schönsten Schnüffeln sind, hören sie draußen die Leibwächter vom großen Boß dahertrampeln. Und man kann sich leicht denken, was gleich passieren wird.
„Los! Jetzt nichts wie aus dem Fenster gesprungen!" kommandiert Tommy.
„Mensch, wir sind ja im dreizehnten Stock!" sagt Jimmy.
„Hör auf mit deinem Scheißaberglauben! Dazu ist jetzt keine Zeit!" zischelt Tommy.

♣

9. Kapitel

Der Witzexpreß braust um den Globus

„Warst du schon in Mexiko?"
„Nein."
„Dann müßtest du meinen Bruder kennen. Der war auch noch nicht in Mexiko."

♣

Zwei wortkarge Engländer marschieren durch die Wüste. Schweigsam, wie man das von wortkargen Engländern gewohnt ist.
Am vierten Tag sagt einer: „Ich finde, daß heute ein schöner Tag ist!"
Zwei Tage darauf der andere: „Wer hat was von Regen gesagt?"

♣

„Damals", sagte der Ur-Einwanderer, „hätte man halb Chicago für ein Paar Stiefel haben können."
„Und! Warum habt ihr es nicht gekauft?"
„Ja, damals hatten wir keine Stiefel."

♣

Auf dem Highway zwischen San Francisco und Los Angeles stoppt ein Polizist einen rasenden Autofahrer und sagt sarkastisch: „Ihren Führerschein, Mister, dann Ihre Rennfahrerlizenz, dazu den Düsenflugschein und die Zulassung als Astronaut, bitte!"
Der Autofahrer kramt ein wenig im Handschuhfach, zieht ein paar Wische heraus und sagt:
„Hier, Sir, ist der Führerschein, hier die Rennfahrerlizenz, dann haben wir da noch den Düsenflugschein und, ach ja, hier die Zulassung als Astronaut."
Da klappt dem Polizisten der Unterkiefer nach unten und bleibt eine Weile unten. Dann sagt der Polizist: „Fahren Sie weiter. Zehn Jahre mache ich schon diesen Witz. Und dann kommt tatsächlich so ein Kerl und hat das alles!"

Das war die große Überraschung für Karli Memmelmann. Er gewann bei einem Preisausschreiben einen kostenlosen Aufenthalt in Brasilien. Darum hat er vorher einen Spanischkurs in der Volkshochschule besucht.
Als er dann in Rio ankam, merkte er, daß die in Brasilien portugiesisch reden!

♣

Beim alten Mac-Ony funktioniert so manches nicht mehr. Nachdem sie ihn lange genug ausgeschimpft haben, geht er endlich zum Doktor.
„Trinken Sie?“ fragt der Doc.
„Ja, ziemlich.“
„Rauchen Sie?“
„Bei Nacht nicht. Bei Tag immer.“
„Dann haben wir's schon, Sie müssen sofort mit dem Saufen und dem Rauchen aufhören!“
„Ist schon gut“, sagt Mac-Ony und will gehen.
„He!“ sagt der Doc. „Ich krieg noch zehn Dollar für meinen Rat!“
„Wieso?“ sagt Mac-Ony. „Ich nehm ihn ja gar nicht, Ihren Rat!“

♣

Trapper Cliff sitzt vor seiner Hütte und hackt Holz.
Kommt Indianer vorbei.
„Oh, kaltes Winter diesmal“, sagt Indianer.
Und Trapper Cliff, nicht dumm, hört das und hackt noch wilder als zuvor sein Holz.
Nächsten Tag kommt Indianer wieder vorbei.
„Oh, sehr, sehr kaltes Winter diesmal“, sagt Indianer. Jetzt hackt Trapper Cliff wie ein Wahnsinniger.
Kommt Indianer drittes Mal vorbei.
„Oh, schreckliches Winter diesmal“, sagt Indianer.
„Und woher weißt du das?“ fragt Trapper Cliff.
„Weil weißes Mann so viel Holz machen“, sagt Indianer.

♣

„Mein Pudel war gestern ungezogen“, erzählt die reiche Witwe ihrer Freundin in Dallas. „Und ich habe ihn schwer bestrafen müssen!“
„Darling! Du wirst ihn doch nicht geschlagen haben!“
„Aber nein! Nur, er darf jetzt eine ganze Woche lang sein goldenes Halsband mit den Diamanten nicht mehr tragen. Das wird ihm eine Lehre sein!“

♣

Irgend so ein Regierungsheini aus dem fernen Washington kommt zum Rodeo.
„Und jetzt, Mister, dürfen Sie auch mal reiten“, sagen die Cowboys grinsend.
„Aber, meine Herrn! Ich bin noch nie geritten“, sagt erbleichend der Regierungsheini.
„Oh, das macht gar nichts“, erwidern die Cowboys.
„Dafür kriegen Sie ein Pferd, das noch nie geritten worden ist!“

♣

Die letzte Kneipe am Rande des Wilden Westens.
Steve hat ein Steak bestellt und wartet, was da kommen soll.
Inzwischen betrachtet er sich die Scheußlichkeiten, die da an der Wand hängen.
„Was hängt hier für Zeug herum?“ fragt er den Wirt, als der das Steak endlich anschleppt.
„Das sind Jagdtrophäen, die die Boys im Laufe der letzten fünfzig Jahre geschossen haben“, erzählt der Wirt.
Steve macht sich über sein Steak her. Aber nicht lange.
Dann ruft er den Wirt. Gibt ihm das Steak und sagt:
„Da, häng’s wieder an die Wand!“

♣

„Ist unser Jimmy schon zurück?“ fragt Daddy.
„Kann nicht mehr lange dauern“, meint Mamie. „Sein Pferd ist schon da.“

♣

Bill, der Cowboy, ist ein vorsichtiger Mann.
Der Händler legt ihm ein Messer hin. Bill nimmt es, sieht es sich genau an, fährt mit dem Daumen über die Klinge. Ist die Sache nicht o. k., legt er das Messer wieder zurück. Ist sie aber o. k., kommt die zweite Probe.
Bill rupft sich ein Haar aus, hält es hoch und versucht, mit einem Hieb das Haar auseinanderzuhauen.
Ist die Sache nicht o. k., legt er das Messer wieder hin.
Ist sie aber o. k., kommt die dritte Probe.
Bill beobachtet den Händler, ob der aufpaßt oder ob man das Messer blitzartig im Ärmel verschwinden lassen kann.
Ist die Sache nicht o. k., legt Bill das Messer wieder hin.
Ist sie aber o. k., verschwindet er mit dem Messer.

♣

„Unser Chef behandelt uns wie rohe Eier.“
„So vorsichtig?“
„Ach wo. Er haut uns in die Pfanne!“

♣

„Unser Computer kann alles“, steht groß im Prospekt. „Den kaufen wir“, rät die Putzfrau. „Der kann sich dann auch selber abstauben!“

♣

„Was ist dein Vater?“
„Innenarchitekt.“
„Und außen?“

♣

„Wie lange“, sagte Tom, „kann wohl ein Mensch ohne Gehirn leben?“
„Denk mal nach“, sagte Lars. „Wie alt bist du jetzt?“

Unterhalten sich zwei Filmstars in Hollywood über einen fetten Ölmulti:
„Möchtest du mit dem verheiratet sein?“ fragt die eine.
„Nein. Aber schuldlos geschieden!“ sagt die andere.

♣

Ein Indianer sitzt am Feuer und gibt Rauchzeichen. Kommt eine Touristin vorbei und fragt:
„Brauchen Sie viel Holz für Ihr Feuerchen?“
„Kommt ganz darauf an“, sagt der Indianer, „ob es sich um ein Ortsgespräch oder um ein Ferngespräch handelt.“

♣

Larry unternimmt eine Expedition durch Australien. Und bald geht ihm das Geld aus.
„Schickt Geld“ schreibt er heim an Papi. „Hier ist alles so teuer! Besonders das Wasser kostet und kostet!“
„Es muß wirklich schlimm sein“, sagt Papi. „Er hat sogar die Briefmarken mit einer Stecknadel befestigt.“

♣

Zwei Pflanzer tuckern mit ihren verrosteten Steinzeitautos durch den brasilianischen Bergwald.
Dann kommen sie zu einer Brücke. Der eine sieht die Brücke, reißt das Steuer rum und fährt durch den Fluß. Der andere sieht die Brücke auch, fährt aber drüber. Da stürzt die Brücke mitsamt Auto und Pflanzer in den Rio.
„Also, das verstehe ich nicht", sagt später der eine der Pflanzer. „Er sieht die Brücke. Und was macht er? Er fährt drüber!"

Auf Grönland, bei Enoch Olaf, gibt es mittags immer Salzheringe aus der Tonne, und abends gibt es wieder Salzheringe aus der Tonne. Und das Sonntag und Werktag. Aber vorher wird immer gebetet.
Als mit einem Kutter wieder einmal eine Tonne Salzheringe ankam, meinte Enoch Olafs Jüngster:
„Papa, wäre es nicht praktischer, wenn wir jetzt gleich vor der vollen Tonne unser Dankgebet sprechen würden?“

♣

Randomir will nach Afrika.
„Und was tust du, wenn dich ein Löwe sieht?“ fragt einer.
„Dann schieß ich ihn über den Haufen“, sagt Randomir.
„Verstehe. Und wenn du kein Gewehr dabei hast?“
„Dann erstech ich ihn mit dem Messer.“
„Klar. Aber wenn du auch das Messer nicht dabei hast?“
„Dann klettere ich auf eine Palme.“
„Und wenn zufällig gerade keine Palme da ist?“
„Jetzt sag mal“, erwidert Randomir, „bist du mein Freund oder der Freund von diesem Löwen?“

♣

San Francisco. Eine Frau fällt beim Fensterputzen in den Hof hinunter und landet zwischen den Mülltonnen. Kommt ein Chinese vorbei und sieht das.
„Also, diese Amerikaner", sagt der Chinese. „Was die alles wegwerfen!"

♣

Ein Fabrikant brachte Lachs in Dosen auf den amerikanischen Markt. Der Fisch hatte nur einen Fehler. Er war weiß und nicht rosa, wie sich das für einen Lachs gehört. Da hatte der Fabrikant die Idee seines Lebens. Sein Werbeslogan lautete: „Unser Lachs wird in der Dose garantiert nicht rosarot!"

♣

Mister Snyder, der Multimilliardär, dümpelte im Swimmingpool. Kam sein Butler und meldete:
„Da ist so ein Typ draußen, der will Sie nach Ihrem Erfolgsgeheimnis fragen, Boß!"
„Und?" fragte Mister Snyder. „Kommt er von der Presse oder von der Polizei?"

♣

In Afrika: Ein wütendes Nilpferd rast auf die beiden zu. „Nur jetzt nicht tatenlos herumstehen", sagt der eine zum anderen. „Los! Hilf mir die Palme rauf!"

Sie marschieren durch die Wüste. Drei Tage schon. Und Arthur hat dauernd etwas zu meckern.
„Dieser Sand!“ sagt er. „Und diese Hitze. Und diese Fliegen. Und diese Blasen an den Füßen...“
„Hör auf!“ sagt sein Freund. „Du mußt das Positive sehen. Wenigstens regnet es nicht!“

♣

Unser Nachbar, der Farmer Woody, hat sich eine Probenummer der Zeitschrift „Wild und Hund“ kommen lassen. Seitdem hat er seinen Spitznamen. Er heißt jetzt bei uns „Der Bücherwurm“.

Wilder Westen.
„Kommst du mit?" fragt der eine.
„Wohin?" fragt der andere.
„Billi wird gehängt."
„Kein Interesse. War nicht mit ihm befreundet."

♣

„Wo geht's zur nächsten Oase?" fragt der müde Wanderer den Beduinen.
„Leicht zu finden", antwortet der Beduine. „Immer geradeaus. Und am Donnerstag dann links abbiegen."

♣

„Wann wurde Amerika entdeckt?"
„Vor ungefähr vierhundert Jahren."
„Da sieht man's wieder!"
„Was?"
„Wie die Zeitungen schwindeln. Hier steht, daß es in Amerika tausendjährige Bäume gibt!"

♣

„Hast du gehört. Karli hat eine Colabude in der Wüste aufgemacht."
„Dann ist er sicher schon reich."
„Pleite ist er. Alle haben geglaubt, das ist eine Fata Morgana und sind vorbeigegangen!"

Jimmys Whiskybar. Zwei Typen kommen hereingestürzt.
„Wasser!“ ruft der eine.
„Nichts wie raus!“ schreit Jimmy. „Hier gibt’s nur Whisky!“
„O. k.“, sagen die beiden und gehen wieder.
Draußen meint einer von ihnen: „Mit der Zeit wird er es schon selber merken, daß seine Bude brennt.“

♣

Tips für Großwildjäger:
Wie fängt man in Australien Känguruhs?
Man fragt das Känguruh, ob es zehn Pfennig wechseln kann. Wenn dann das Känguruh die Pfoten in den Beutel steckt, um nachzuschauen, ob es so viel Geld dabei hat, kann man es leicht fangen.
Und was braucht man, um in Afrika Löwen zu fangen: ein Fernglas, eine Pinzette und eine Streichholzschachtel. Wenn man dann einen Löwen sieht, nimmt man das Fernglas, dreht es um und schaut durch, so daß der Löwe ganz klein wird. Dann kann man ihn mit der Pinzette erfassen und in die Schachtel tun.

♣

Und da war dann noch Randomir, der stundenlang zu Hause am Küchentisch saß und eifrig einen Bogen Schmirgelpapier anstarrte.
„Was tust du da?“ wurde er gefragt.
„Ich fahre nämlich nach Afrika“, sagte Randomir.
„Und warum starrst du dann stundenlang auf einen Bogen Schmirgelpapier?“
„Schmirgelpapier ist das?“ sagte Randomir. „Ich dachte, das ist eine Karte der Sahara.“

♣

In Hollywood wird eine Sexbombe interviewt.
„Sind Sie stolz darauf, eine Frau zu sein?“ fragt der Reporter.
„Und ob!“
„Und warum, wenn ich fragen darf?“ sagt der Reporter.
Da erntet er einen unbeschreiblichen Blick und die Antwort:
„Junger Freund, Sie sollten mal zum Optiker gehen!“

Mick sitzt in Jimmys Whiskybar. Dann mußte er, na, ihr wißt schon, wohin. Dabei hat er leider sein Whiskyglas aus dem Auge gelassen. Und als er zurückkam, war es leer.
„Also“, sagt Mick. „Ich gehe jetzt noch mal hinaus. Und wenn ich zurückkomme, und es steht kein volles Glas an meinem Platz, dann passiert das gleiche wie damals in Santa Fe! Das schwör ich euch!“
Er geht also. Und, was glaubt ihr, ist, wie er zurückkommt? Klar. Ein volles Glas steht an seinem Platz.
Später dann wollten sie wissen: „Und was ist damals passiert, in Santa Fe?“
„Tja“, sagt Mick. „Damals in Santa Fe mußte ich mir meinen Whisky selber bezahlen.“

♣

Der Mann aus dem Instustriezentrum beobachtet lange einen alten Holzfäller in Kanada.
„Sagen Sie mal, sind Sie von vorvorgestern?“ fragt er den alten Mann. „Sie arbeiten mit einem Beil! Mit einer Motorsäge könnten Sie spielend das Zehnfache an Holz schaffen. Warum haben Sie keine Motorsäge?“
„Weil ich zehnmal soviel Holz gar nicht brauchen könnte“, sagt der alte Holzfäller.

♣

10. Kapitel

Zirkus, Zoos und zahme Tiger

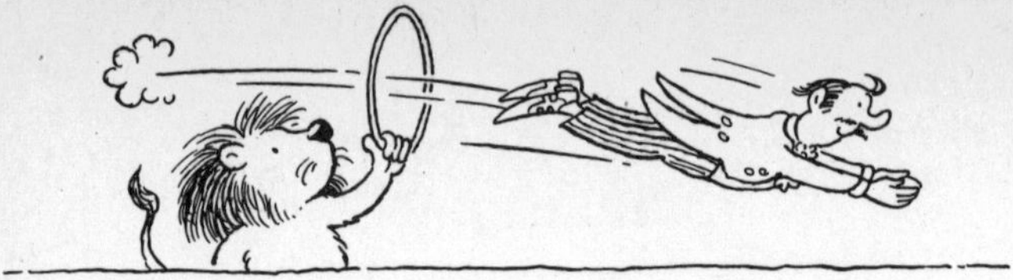

„Was fressen Eisbären?“ fragt ein gut angezogener Herr den Zoowärter.
„Beugen Sie sich einmal über die Brüstung“, antwortet der Wärter, „dann werden Sie es wissen... noch etwas weiter... noch weiter.“
Und später sagt der Wärter zu seinem Eisbären: „So, für heute muß das reichen.“

♣

Im Zirkus klingelt das Telefon.
„Ich hab da eine supergeile Nummer“, sagt der am anderen Ende der Leitung. „Bei mir springt einer durch einen brennenden Reifen.“
„Alter Hut“, meint der Direktor. „So was macht heute jeder bessere Löwe.“
„Aber bei mir springt der Dompteur“, sagt der am anderen Ende.
„Wer spricht denn dort?“ fragt der Direktor.
„Der Löwe“, sagt der Anrufer.

♣

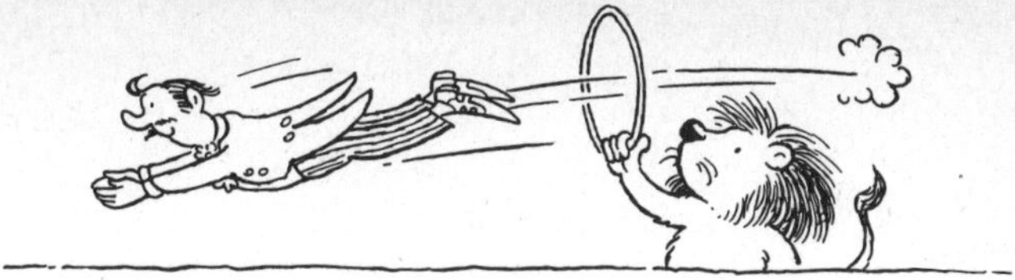

„Wie ist dein Clown?“ wurde der Zirkusdirektor gefragt.
„Oje. Über den hab ich nur ein einziges Mal lachen müssen.“
„Und wann?“
„Als er mich um Gehaltserhöhung gebeten hat.“

„Und dies ist der Artist, der immer seinen Arm in den Rachen von Löwen steckt. ‚Theodor der Einmalige‘ hieß er früher.“
„Und jetzt?“
„Theodor der Einarmige.“

♣

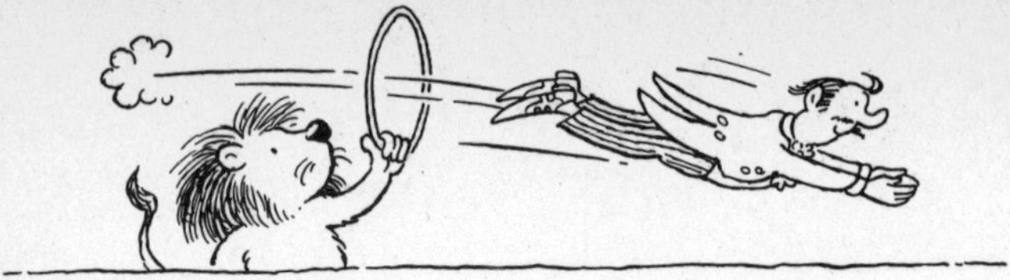

Sie bauen das große Zirkuszelt wieder auf.
Und dazwischen rennt der Direktor herum und brüllt: „Den wenn ich erwische, der dem Nilpferd das Niespulver gegeben hat!"

♣

„Du, Onkel Oskar, gestern waren wir im Zoo", erzählt Klausi.
„Und? War's schön?" fragt Onkel Oskar.
„Und wie! Im Gorillahaus haben wir uns fast krank gelacht!"
„Wieso?"
„Da war ein Gorilla, der hat genauso ausgesehen wie du, Onkel Oskar!"

♣

Maus und Elefant wollen über die Grenze. Aber der Elefant hat seinen Paß vergessen und muß zurück. Da kauft die Maus ein Brötchen, schneidet es durch und klebt dem Elefanten die eine Hälfte auf den Kopf und die andere Hälfte aufs Hinterteil.
Dann gehen sie wieder an die Kontrollstelle.
Die Maus zeigt ihren Ausweis vor.
„Und was ist das da?" sagt der Grenzer und zeigt auf den Elefanten.
„Das da?" sagt die Maus, „das ist mein Reiseproviant."

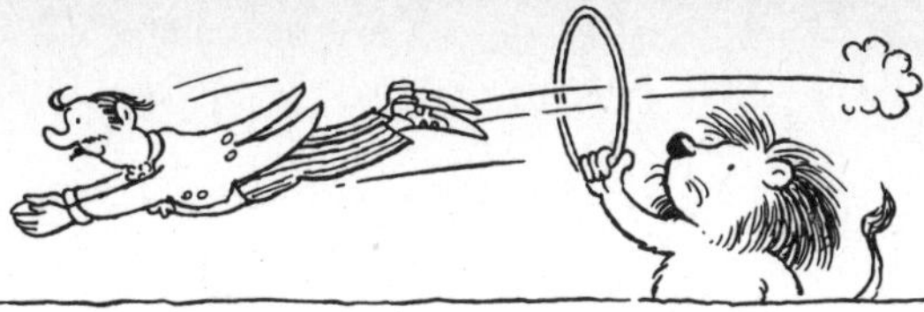

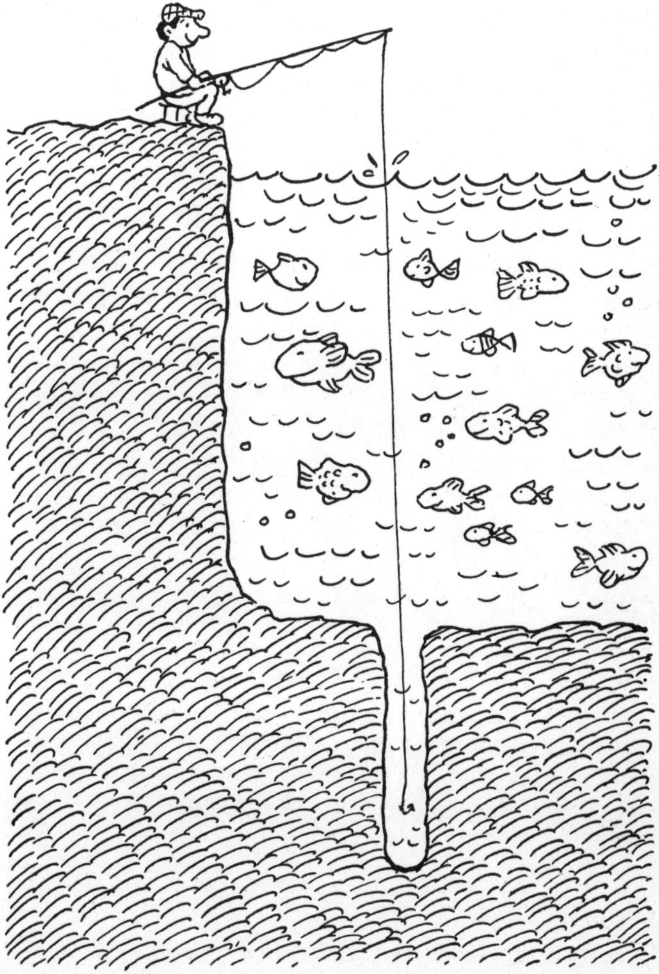

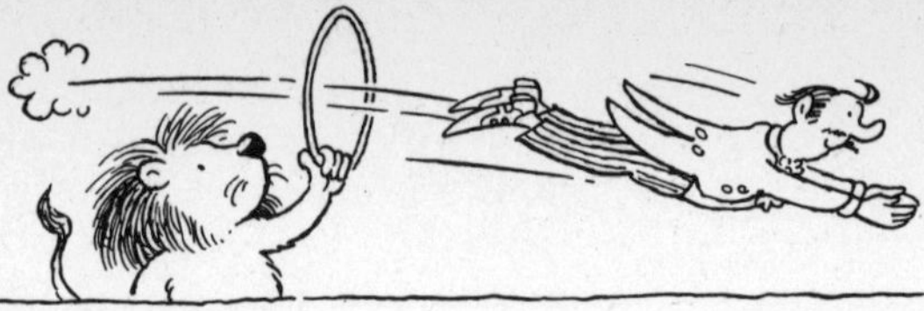

„Alles eine Frage der Organisation", sagt der Zoodirektor. Sein Knüller war die Schau, wo eine Ziege und drei Tiger zusammen in einem Käfig ausgestellt waren.
„Wie schaffen Sie dieses Naturwunder?" will man von ihm wissen.
„Alles eine Frage der Organisation", antwortet er.
„Jeden Tag kommt eine neue Ziege in den Käfig."

♣

Theodor war in Spanien gewesen und hält sich nun für einen Fachmann für Stierkämpfe.
„Die Stiere", erklärt er, „sind farbenblind. Sie reagieren überhaupt nicht auf Rot. Nur Kühe können Rot erkennen!"
„Und warum werden dann die Stiere so wild, wenn man ihnen ein rotes Tuch hinhält?"
„Weil sie glauben, daß man sie für Kühe hält!"

♣

„Ich hab nämlich ein Pferd gekriegt", sagt Uschi.
„Und jetzt brauche ich eine passende Hose!"
„Gerne", sagt die Verkäuferin. „Und welche Konfektionsgröße hat das Tier?"

♣

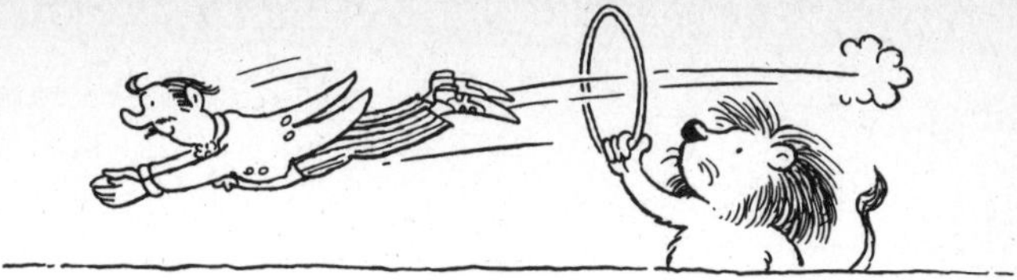

„Ist euer neuer Wachhund scharf?"
„Das kann man wohl sagen. Seit einer Woche versuchen wir, wieder in unsere Wohnung zu kommen."

♣

„Unser Papagei kann alles nachahmen. Sogar die Gitarre von Otto."
„Sensationell! Und wie hält er die Gitarre, euer Papagei?"

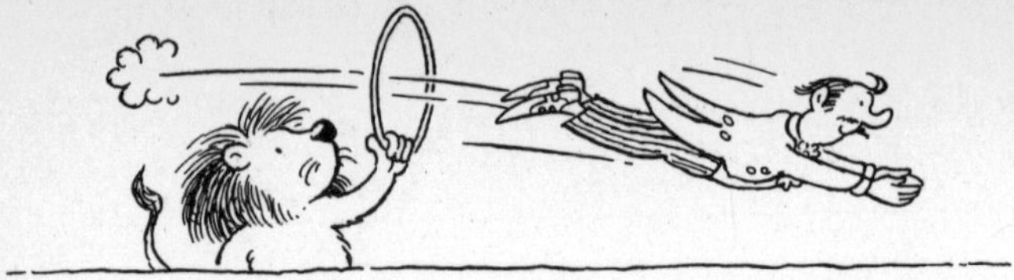

Es regnete ununterbrochen. Da beschlossen sie, in die nahe Stadt zu fahren und sich den Tierpark anzusehen.
„Na, wie war's?" werden sie abends gefragt.
„Nicht toll. Die Tiere hatten sich alle verkrochen. Nur ein ganz alter Mann mit einem langen Bart war zu sehen. Der hat an einer Arche gebaut."

Herr Randomir geht mit seinem Elefanten in die Staatsoper, kauft zwei Eintrittskarten, dann setzen sie sich rein und schaun sich Carmen an.
In der Pause sagt der Nachbar zu Herrn Randomir: „Also, hören Sie, ich hätte nie geglaubt, daß ein Elefant eine Oper verstehen kann."
„Ja, was glauben Sie", sagt Herr Randomir. „Wenn ich dem vorher nicht einen Opernführer zu lesen gegeben hätte, die ganze Sache wäre glatt an ihm vorbeigelaufen. Und wie!"

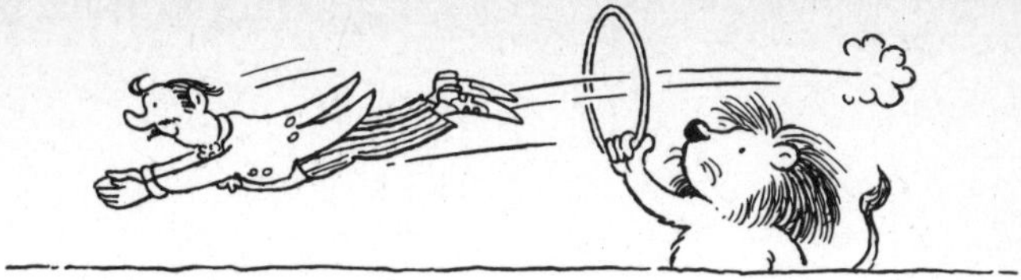

Sie sind im Zoo. Es dunkelt allmählich, und der kleinen Elfi wird ein bißchen unheimlich.
Da stubst sie ihren Papi.
„Was ist?“
„Du, Papilein. Mal angenommen, dich frißt so ein böses Krokodil. Mit welcher U-Bahn kann ich dann heimfahren?“

„Geh nicht so nahe zu den Eisbären hin“, sagt Frau Schmalstich zu ihrem Otto. „Du bist sowieso schon erkältet!“

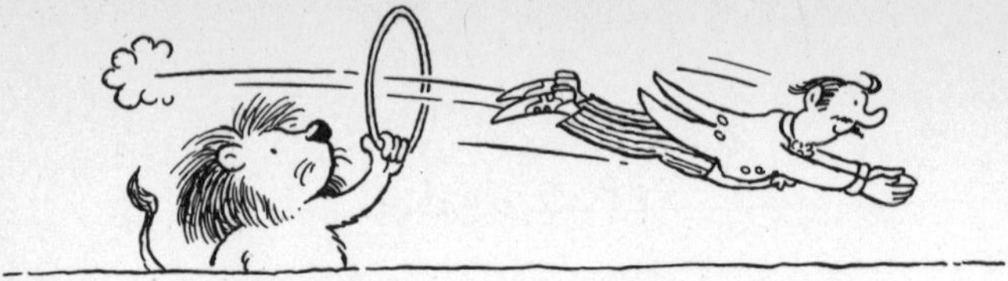

„Ich bin Hungerkünstler", sagt der Artist zum Zirkusdirektor. „Kann ich bei Ihnen ein Anstellung kriegen?"
„Das läßt sich machen", sagt der Direktor.
„Und was zahlen Sie?"
„Wenig. Ganz wenig. Dafür haben Sie dann die Verpflegung kostenlos."

11. Kapitel

Mit Volldampf durch die Schullandschaft

„Wenn ein Kilo Tomaten drei Mark neunzig kostet", fragt der Lehrer, „was kriegst du, wenn du sieben Mark achtzig hast?"
„Wenn ich sieben Mark achtzig habe", meint Markus, „dann kriege ich bei Mario einen Tomatensalat mit Mozarella."

♣

„Warum nur bist du in Geschichte so miserabel?"
„Das kommt daher, weil der Pauker immer solche Sachen fragt, die schon lange vorbei sind."

♣

Unser Karli muß zum ersten Mal in die Schule und bekommt dafür eine Schultüte.
„Na, gefällt sie dir?" wird er gefragt.
Er sieht sich das Zeug an und meint: „Und wegen so was muß ich mich jetzt fast zehn Jahre lang abstressen!"

♣

„Wenn das so weitergeht", sagt der Lehrer Kleinheistermann, „wird dein Vater noch graue Haare bekommen."
„Da wird er sich aber freuen", sagt Dave, „er hat nämlich keine mehr!"

„Wir rechnen in der Schule auch schon mit Computer“, sagt der kleine Patrik.
„Komm, halt die Klappe und dreh nicht so auf“, meint der viel größere Bruder.
„Doch“, sagt Patrik. „Soll ich dir’s zeigen: Zwei Computer und drei Computer sind fünf Computer.“

Der Herr Kreisschulrat ist da und prüft die Klasse. Bibelkunde ist angesagt.
„Wer hat die Mauern von Jericho zum Einsturz gebracht?" fragt er den Kurti.
„Ich war's nicht", sagt Kurti.
Das haut den Kreisschulrat glatt um, und nach der Stunde macht er den Lehrer zur Schnecke.
„So ein unverschämter Lümmel", sagt er, „der muß bestraft werden."
„Er war's aber wirklich nicht", sagt der Lehrer. „Ich kenne ihn gut."
Da geht der Schulrat zum Direktor und schüttet sein Herz aus: „Was soll man dazu sagen!"
„Herr Schulrat", sagt der Direktor. „Der Kurti stammt aus einer guten Familie. Wenn der sagt, er war's nicht, dann war er es auch nicht."
Das reicht dem Schulrat. Er schreibt einen Brief an das Kultusministerium.
Und dann kommt ein Brief vom Kultusministerium zurück: „Für den Einsturz der Mauern von Jericho ist das Wohnungsbauministerium zuständig ... usw."

♣

Dirk hat die Weihnachtsfeier total verpatzt. Die ganze Schule ist sauer auf ihn.
Daß er sich keinen Text merken kann, wußte man. Aber so hätte es auch nicht kommen müssen:
Dirk war der Herbergswirt. Joseph und Maria klopften bei ihm an und fragten, ob in der Herberge noch Platz ist.
Und da sagte dieser Komiker: „Na klar. So viel ihr wollt. Kommt nur herein. Und soll ich gleich nach der Hebamme telefonieren?“

„Mein Papa ist krank."
„Was Ansteckendes?"
„Nö. Der Arzt sagt, er hat zu viel gearbeitet."

♣

„Wir hatten diesmal einen ausgesprochen milden Winter", meint Robert. „Drei Professoren waren krank, und einer fehlt immer noch."

♣

Klausi trifft Andi.
„Hast du jetzt nicht Schule?" fragt Andi.
„Ja", sagt Klausi. „Aber der Lehrer hat mich heimgeschickt, weil ich nicht gewaschen bin."
Da überlegt Andi ein wenig und strahlt dann auf: „Mensch, die Idee ist gar nicht so schlecht!"

♣

„Die Zahlen verdanken wir den Arabern", erklärt Lehrer Kleinheistermann. „Und wem verdanken wir den Kalender?" fragt er Karlchen.
„Den Kalender", behauptet Karlchen, „verdanken wir immer dem Metzgermeister Zips."

♣

„Mußte es wirklich sein, daß mein Hugo durchfällt?“ fragt der geplagte Vater.
„Mit dem, was Ihr Sohn nicht weiß, hätte eine ganze Klasse sitzenbleiben können“, meint Studienrat Fliege.

♣

„Beweise mir, daß die Winkelsumme in einem Dreieck 360 Grad beträgt!“ sagt der Mathepauker.
„Verzeihung, Herr Doktor“, sagt Lukas. „Das habe ich nie behauptet.“

♣

„Mein Sohn“, sagt der Vater, „ich bewundere dich! Es gehört viel Mut dazu, so ein Zeugnis herzuzeigen!“

♣

„Wenn du in der linken Hosentasche achtzehn Mark zwanzig hast und in der rechten Hosentasche sieben Mark sechzig, was hast du dann?“ fragt Lehrer Kleinheistermann.
„Dann habe ich bestimmt nicht meine Hose an“, sagt Edi. „Ich bin nämlich immer pleite.“

♣

„Pflichterfüllung ist das Wichtigste im Leben!“ flötet der Lehrer.
„Maxi, angenommen, du bist auf dem Schulweg, und ein sogenannter Freund kommt daher, und will dich verleiten, noch schnell in eine Eisdiele zu gehen. Was würdest du wählen?“
„Erdbeer mit Sahne“, antwortet Maxi.

♣

„Wie gefällt es dir in der Schule?“
„Eigentlich ganz gut.“
„Was heißt da ‚eigentlich‘?“
„Na ja, weil halt jedesmal ein halber Tag hin ist.“

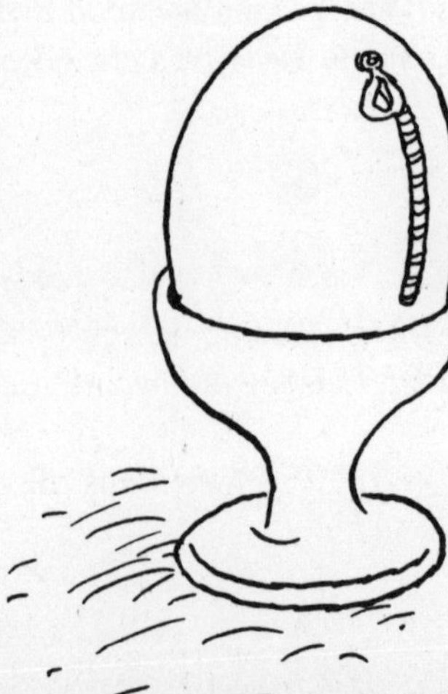

Studienrat Fliege kommt mit dem Schüler Alex nicht zurecht. Darum läßt er den Vater von Alex kommen und sagt:
„Ich weiß nicht, der Alex macht während des Unterrichts immer so einen verschlafenen Eindruck."
„Das sind wahrscheinlich die Talente, die in meinem Alex schlummern", antwortet der Vater.

♣

Morgen ist Schulausflug. Aber nur bei schönem Wetter. Wenn es regnet, haben sie Klassenarbeit.
„Lieber Gott", betet Heidi vor dem Einschlafen, „mach morgen bitte schönes Wetter. Und hör bloß nicht auf den blöden Heini von der Wetterkarte im Fernsehen!"

♣

„Der Lehrer hat mir gesagt, daß er sich große Sorgen wegen deiner schlechten Leistungen macht!" mahnt der Vater.
„Vergiß es", sagt Gilbert. „Was gehen uns die Sorgen anderer Leute an!"

♣

„Worüber habt ihr in der Schule gesprochen?“
„Über die Entfernung der Sterne.“
„Aha. Und wie entfernt man sie?“

♣

„Jetzt komm, und laß mir dein Zeugnis sehen!“ sagt Papi.
„Moment“, sagt Stefan. „Zuerst mußt du mir erklären, woher das alles bei uns so kommt. Sind das die Erbfaktoren, sind es die Umwelteinflüsse oder was sonst...?“

♣

„Wieder die falschen Zahlen im Lotto!“ schimpft der Vater.
„Nimm's leicht“, sagt Katrin. „Mir ging's gestern bei der Mathearbeit genauso.“

♣

„Ich war gestern irgendwo, wo ich meine Hausaufgaben total verschwitzt habe“, entschuldigt sich Annette.
„Und wo warst du?“
„In der Sauna.“

♣

Moni kreuzt mit ihrem Zeugnis zu Hause auf.
„Und eine Sauschrift hat unsere Lehrerin“, schimpft sie.
„Die macht die Einser so, daß sie aussehen wie Vierer!“

♣

„Gefällt es dir im Englischkurs?“
„Überhaupt nicht!“
„Und wieso?“
„Kommen zu viele Fremdwörter drin vor.“

♣

„Soll ich dir bei den Hausaufgaben helfen?“ fragt Papi.
„Nein, bitte nicht!“
„Warum?“
„Der Lehrer meint, wir lernen mehr, wenn wir unsere Fehler selber machen.“

♣

„Ein Reptil ist ein Lebewesen, das meist auf dem Boden herumkriecht“, erklärt der Lehrer.
„Und wer kann mir jetzt ein Reptil nennen?“ fragt er dann.
Meldet sich unser Bibi: „Mein kleiner Bruder!“

♣

Erster Schultag. Der Abc-Schütze Klausi kommt nach Hause.
„Na, wie war's", wollen die anderen wissen.
„Es ging", meint er. „Aber morgen muß ich noch mal hin. Wir sind nicht ganz fertig geworden."

♣

„Du warst jetzt acht Tage nicht in der Schule. Warum?"
„Weil ich krank war."
„Was hat dir gefehlt?"
„Ich bin acht Tage im Bett gelegen."
„Und warum bist du gelegen?"
„Weil mich die Mutti nicht hat aufstehen lassen."
„Warum hat sie dich nicht aufstehen lassen?"
„Weil ich im Bett liegen mußte."
„Ja, zum Donnerwetter! Warum mußtest du im Bett liegen?"
„Weil ich krank war."

Beim Mittagessen fragt Mama:
„Na, wie war’s heute in der Schule? Hast du was gekonnt?“
„Also, ich versteh dich nicht“, antwortet Sabine. „Immer sagst du, man soll beim Essen nicht über unangenehme Dinge reden. Und dann kommst du mit so was!“

„Es heißt: Der kalte Januar,
der launische April,
der neblige November,
der heiße Juli – wer weiß noch was?"
„Der dumme August", sagt Dolfi.

♣

„Hast du heute viel auf?" fragt Mutti.
„O ja, wahnsinnig viel", sagt Lissi. „Und du hilfst mir, bitte, bitte. Ja?"
Da sitzen sie dann und arbeiten, daß sie schwitzen.
Es wird fünf, es wird sechs Uhr. Zwei Hefte sind schon vollgeschrieben.
„So", sagt dann Lissi. „Jetzt können wir endlich mit den Hausaufgaben anfangen."
„Ja, um Himmelswillen", ruft Mutti. „Und was haben wir bis jetzt gemacht?"
„Strafarbeiten", sagt Lissi.

♣

In der Rechenstunde bringt Frau Falk ein Beispiel: „Es sind sieben Kinder. Sie haben zwei Schokoriegel. Wie teilen sie das?"
„Überhaupt nicht", sagt Christian. „Das lohnt sich doch gar nicht."

♣

„Papi, du hast doch gesagt, ich kriege für jede Eins fünf Mark!“ sagt Isabella.
„Hab ich. Und hast du eine Eins?“
„Das gerade nicht. Aber wenn ich richtig rechne, dann müßte ich für jede Zwei vier Mark bekommen.“
„Na ja. Also gut. Und hast du eine Zwei?“
„Das auch nicht. Aber rechne mal weiter: Und für eine Fünf müßte es dann immerhin noch eine Mark sein. Oder nicht?“

♣

Mault Bernhard: „Heute haben wir drei Stunden Englisch gehabt!“
„Reg dich ab“, sagt Vati. „Die Engländer haben es den ganzen Tag!“

♣

„Also, Papi“, sagt Suschen und gibt ihr Zeugnis ab. „Machen wir ein Abkommen. Wenn du versprichst, jetzt gar nichts zu sagen, dann versprech ich dir, ganz ruhig zuzuhören!“

♣

„Würden wir Goethe heute als ganz außerordentlichen Menschen erkennen, wenn er noch unter uns lebte?“ fragt Studienrat Klaffke.
„Klar“, meint Uli. „Denn er wäre heute fast zweihundertfünfzig Jahre alt.“

„So schwer war doch die Hausaufgabe nicht“, sagt Lehrer Kleinheistermann. „Wenn ein Mann dreißig Kilometer in sechs Stunden geht, wieviel geht er dann in dreizehn Stunden?“

„Ich weiß es nicht“, sagt Kurti. „Mein Daddy ist noch nicht zurück.“

Die kleine Irmi geht mit einem riesengroßen Schulranzen auf der Straße.
Da begegnet ihr der Rektor der Schule und muß lächeln. Sie aber kennt ihn nicht.
„Wie alt bist du?“ fragt er Irmi.
„Sechs. Und ich gehe schon zur Schule“, sagt sie.
„Und ich bin zweiundfünfzig“, sagt der Rektor, „und gehe immer noch zur Schule.“
„Dann mußt du aber schön doof sein“, meint Irmi.

♣

Aus einem Schulaufsatz:
„Zuerst ist die Isar wie ein Kind, das über Steine und Sandbänke hüpft. Später gleicht sie einem Manne, der Felder und Wiesen bewässert.“

♣

Und in einem anderen Schulaufsatz können wir lesen:
„Wir standen auf hohem Bergesrücken. Und unten wälzte sich wie eine Königin Mutter Donau in ihrem Bette.“

♣

Was ist der Unterschied zwischen einem faden Buch und einem faden Lehrer?
Das Buch kann man zuklappen.

„Vati, stell dir vor, der Kriechbaum Stefan ist durchgefallen!"
„Das wundert mich nicht. Ich kenn dem seinen Vater. Der ist ein ausgemachter Trottel. Da muß ja der Sohn durchfallen!"
„Du, Papi. Ich bin auch durchgefallen!"

♣

Vor dem Klassenzimmer steht ein Schüler.
„Was tust du da?“ fragt ein vorbeikommender Lehrer.
„Ich bin vom Umweltschutz“, meint der Schüler.
„Was soll das heißen?“
„Ich muß aufpassen, ob die Luft rein ist.“

♣

„Bei diesem Zeugnis wird heuer der Weihnachtsmann erkältet sein“, droht Papi.
„Was heißt das im Klartext?“
„Er wird dir was husten!“

♣

„Sag mal, warum kannst du mir keine meiner Fragen beantworten?“
„Weil ich dann nicht mehr in diese Schule hier müßte!“

♣

„Herr Lehrer, dürfen wir jetzt heimgehen?“
„Wo denkt ihr hin. Es hat ja noch gar nicht geklingelt!“
„Aber Sie haben vor einer Stunde noch gesagt, man soll nicht alles auf die letzte Minute hinausschieben!“

♣

12. Kapitel

44mal blöd gefragt

„Sind Ölsardinen gesund?“ fragt Tante Amelie den Doktor Pfannenstiel.
„Ich glaube schon“, sagt der Doktor. „Jedenfalls war bei mir noch keine in Behandlung.“

♣

Welcher Krieg dauerte 24 Jahre, 36 Monate, 104 Wochen und 365 Tage?
Der Dreißigjährige Krieg.

♣

Welcher Vogel baut kein Nest?
Der Kuckuck.
Und warum?
Weil er im Uhrenkasten sitzt.

♣

Warum sind Fische glitschig?
Damit sie nicht quietschen, wenn sie um die Ecke schwimmen.

♣

Warum sieht man im Zoo keine Hühner?
Sie haben die Aufnahmeprüfung nicht bestanden.

Wie kann man den Geschmack von Salz verbessern?
Man gibt Pommes frites dazu.

♣

Was ist, wenn sich ein Elefant eine Zehe bricht?
Dann muß er das Ballett-Tanzen aufgeben.

♣

„Freust du dich, daß wir ein Brüderchen bekommen?" fragt Mami.
„Und was würdet ihr tun, wenn ich jetzt ‚nein' sagen tät?" antwortet Klausi.

♣

Was ist ein Optimist?
Das ist ein Mensch, der das Fernsehen einschaltet, wenn ihn das Radioprogramm langweilt.

♣

Was ist schwarz und weiß?
Ein Pinguin.
Was ist schwarz und weiß und macht einen schrecklichen Lärm?
Ein Pinguin, der die Trompete bläst.
Was ist nur weiß?
Ein Pinguin, der seinen Frack ausgezogen hat.
Und was ist schwarz-weiß, schwarz-weiß, schwarz-weiß?
Ein Pinguin, der den Berg hinunterrollt.

♣

Was ist braun, läuft in der Wüste herum und hat drei Höcker?
Ein Kamel mit Rucksack.
Und was ist braun, hat zwei Höcker und läuft am Nordpol herum?
Ein Kamel, das sich verlaufen hat!

♣

Wie heißen die Hunde, die auf Segelbooten herumstehen?
Yachthunde.

♣

Warum sitzen zwei Leute im Hubschrauber?
Der eine hubt, der andere schraubt.

♣

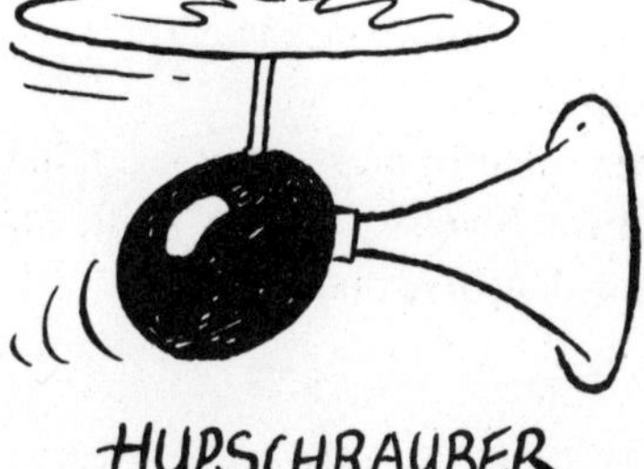

Was ist Botanik?
Wenn was wächst.
Was ist Zoologie?
Wenn was rumläuft.
Was ist Chemie?
Wenn's stinkt.
Was ist Physik?
Wenn bei Studienrat Liebl was nicht funktioniert.

♣

Was ist ein Erwachsener?
Ein Mensch, der an beiden Enden nicht mehr weiterwächst, sondern nur noch in der Mitte.

♣

Warum haben die Giraffen so lange Hälse?
Damit sie die Blätter von den Bäumen holen können.
Und warum holen sie sich die Blätter von so weit oben?
Damit sie sich nicht bücken müssen.

♣

Welcher Monat hat 28 Tage?
Jeder.

♣

Was kriegt man, wenn man einen Igel mit einem Regenwurm kreuzt?
Stacheldraht.
Und wenn man einen Briefkasten mit einem Schwein kreuzt?
Ein Sparschwein.
Und wenn man eine Kuh mit einem Polypen kreuzt?
Ein Tier, das sich selbst melken kann.
Und was kriegt man, wenn man einen Elefanten mit einer Motte kreuzt?
Riesige Löcher im Pulli.

♣

Welche Flüssigkeit kann nicht gefrieren?
Warmes Wasser.

♣

Warum gehört das Huhn zu den klügsten Tieren der Welt?
Weil es die Eier immer genau so groß hinkriegt, daß sie haarscharf in den Eierbecher passen.

♣

Was ist eine Erdbeere?
Kirsche mit Gänsehaut.

♣

In welchem Strudel kann man nicht ertrinken?
Im Apfelstrudel.

♣

Nenne fünf Wochentage, in denen kein a vorkommt!
Vorgestern, gestern, heute, morgen, übermorgen.

♣

Welches Getränk wird niemals teurer?
Freibier.

♣

Was ist paradox?
Wenn ein Schneider Westen nach Osten trägt.

♣

Was ist das:
Wenn man es bräuchte und hat es nicht, dann braucht man's nie wieder.
Der Fallschirm.
Und was ist das:
Wenn man's braucht, wirft man's fort. Wenn man's nicht mehr braucht, holt man es her.
Der Anker.

„Welchen von deinen beiden Brüdern hast du lieber?“ fragt die Tante.
„Bin doch nicht doof und sag das!“ antwortet Ester. „Sonst verhaut mich der andere.“

♣

Warum sind Fische stumm?
Kannst du unter Wasser reden? Na also.

♣

Welche Vögel legen keine Eier?
Die männlichen.

♣

Wie kommt eine Ameise nach Afrika?
Sie wirft das A fort und fliegt rüber.

♣

Was unterscheidet einen Pianisten von einem Maikäfer?
Der Pianist hat nur einen Flügel.

♣

Welche Eigenschaften hat das Wasser?
Es wird schwarz, wenn man sich drin wäscht.

♣

„Wovon ernähren sich Walfische?“
„Hauptsächlich von Sardinen.“
„Und wie kriegen sie die Büchsen auf?“

Was bedeutet ‚Piano forte‘?
Das Klavier ist weg.

♣

Mengenlehre. „Nehmen wir an, ich habe einen ganzen Kuchen und zerschneide ihn in 28 gleiche Teile, was ist das dann?“
„Knauserei, Herr Lehrer.“

♣

Weißt du, wie lange Regenwürmer leben?
Genauso wie kurze.

♣

Welcher Zug hat keine Räder?
Der Durchzug.

♣

Ist halb braun und halb blau, hat einen buschigen Schwanz und hüpft von Ast zu Ast. Was ist das?
Ein Eichhörnchen mit Blue jeans.

♣

„Wird man stark, wenn man Büffelfleisch ißt?“
„Kaum. Mein Bruder ißt immer nur Fisch und kann heute noch nicht schwimmen.“

♣

Wie kommt man am besten durch den Dschungel?
Als Tiger.

Welches ist das älteste Musikinstrument?
Die Ziehharmonika. Sie hat die meisten Falten.

Wenn ich von einem bestimmten Fleisch das Anfangs-R wegnehme, dann habe ich auch Fleisch.
Rauchfleisch.

Im Schreibwarenladen:
„Mein Freund liegt im Krankenhaus. Haben Sie da eine vorgedruckte Karte mit Genesungswünschen?"
„Ja."
„Auch für einen Beinbruch?"
„Ja. Ist es das rechte oder das linke Bein?"

CIP-Titelaufnahme der Deutschen Bibliothek

Der **Witz-Express** : einfach spitze – rasend gute Witze / ges. u. gezeichnet von Erhard Dietl. – München : F. Schneider, 1990
ISBN 3-505-04248-X

Umschlagbild und Illustrationen: Erhard Dietl
Umschlaggestaltung: Claudia Böhmer
Lektorat: Ingo Faustmann
Herstellung: Manfred Prochnow
Satz/Druck: Presse-Druck Augsburg
ISBN: 3-505-04248-X